콕콕 찍어주는

꼬꼬

생활영어

첫걸음편

콕콕 찍어주는
꼬꼬 생활영어 -첫걸음편-

1999년 02월 05일 초판   1쇄 펴냄
2022년 07월 13일 개정2 1쇄 펴냄

지은이 김완수
펴낸이 이규인
펴낸곳 국제어학연구소 출판부
책임편집 문성원
편 집 김정은·진정수·유정옥
표지 디자인 임원숙
편집 디자인 임원숙·김미정

출판등록 2010년 1월 18일 제302-2010-000006호
주소 서울특별시 마포구 대흥로4길 49, 1층(용강동 월명빌딩)
Tel (02) 704-0900 **팩시밀리** (02) 703-5117
홈페이지 www.bookcamp.co.kr
e-mail changbook1@hanmail.net
ISBN 979-11-9792030-1 13740
정가 14,000원

콕콕 찍어주는

꼬꼬꼬

생활영어

NEW
개정판2

첫걸음편

김완수 지음

국제어학연구소출판부

 들어가며….

영어 왕초보를 위한 꼬꼬 영어 한마당!!

이 책을 펼쳐든 순간 당신은 속으로 크게 외칠 것입니다. '왕초보는 가라'고.
영어 울렁증에 걸려 입도 뻥긋하기가 두려운 '초보 중의 초보'를 위해서 이 책을
펴냅니다. 수많은 영어 책들이 세상 무서운 줄 모르고, 갖가지 모양새를 갖추어
매일매일 쏟아져 나오고 있습니다. 그러나 진실은 하나. 어떻게 하면 '쉽게' 정
복할 수 있느냐입니다.
이 책은 그 소담스러운 '진실'을 담아 영어의 까막눈이라도 번쩍 눈을 뜨고 영어
를 쉽게 익힐 수 있도록 체계적으로 구성한 영어 회화 첫걸음편입니다.
어느 초보자라도 쉽게 접근할 수 있도록 한글 독음을 실어 두었으며, 원어민 선
생님의 녹음으로 발음을 쉽고도 정확히 익힐 수 있도록 하였습니다.
영어를 잘할 수 있는 첫째 비결은 자신감을 갖는 것입니다.
처음엔 힘들겠지만 자꾸자꾸 거울 앞에서 말하는 연습을 합니다. 부끄러움은
잠깐!
어느 순간 거울 속의 내 모습에서 자신감 충만한 모습을 발견하고 영어 울렁증
에서 탈출한 자신을 발견할 것입니다. 발음에 자신이 없다면 책 속의 독음을 보
고 MP3 녹음을 들으며 큰소리로 따라 해 봅니다.
아무쪼록 꼬꼬 영어를 통해서 영어회화에 자신감을 얻게 되기를 간절히 바라며
독자 여러분의 건투를 빕니다.

국제어학연구소 출판부 일동

이 책의 구성

UNIT
각 unit마다 가장 일상적으로 우리들이 접할 수 있는 상황들을 연출하여 자연스럽게 외국인과의 대화를 할 수 있도록 하였어요.

USEFUL EXPRESSIONS
상황별 유용한 표현들을 배우는 코너예요. 이런 상황에서는 이러한 표현들이 가장 손쉽게 자주 쓰인다는 것을 확실히 기억하도록 해요.

DIALOGUE1.2
머릿속으로만 알고 있는 표현들을 실제 상황처럼 바로바로 나올 수 있도록 외국인과 이야기하듯이 말해 보는 코너예요.

꼬꼬댁 꼬꼬!!
일상생활에서 마주칠 수 있는 소소한 에피소드를 재미있게 엮어 놓은 코너로 누구나 겪을 수 있는, 따라서 알아두면 유용한 팁이에요.

WORDS
외국어 습득의 가장 기본인 어휘, 단어가 문장 속에서 어떻게 쓰이는지 확실히 이해하고 익혀 보아요.

＊ track은 각 unit마다 나눠집니다.

차례

- 머리말 4
- 이책의구성 5

PART 1 생활영어 회화

Unit 01
Hi!
안녕하세요! _ 14

Unit 02
Goodbye.
안녕히 가세요. _ 18

Unit 03
Glad to meet you.
만나서 반가워요. _ 22

Unit 04
Long time no see.
오랜만입니다. _ 26

Unit 05
I beg your pardon?
다시 한 번 말씀해 주시겠습니까? _ 30

Unit 06
Thank you very much.
대단히 감사합니다. _ 34

Unit 07
I am very sorry.
대단히 죄송합니다. _ 38

Unit 08
May I ask a favor of you?
제가 부탁 한 가지 해도 될까요? _ 42

Unit 09
I think so.
저도 그렇게 생각합니다. _ 46

Unit 10
How can I contact you?
당신에게 어떻게 연락할 수 있죠? _ 50

Unit 11
Where are you from?
당신은 어디 출신이시죠? _ 54

Unit 12
What do you do?
하시는 일이 뭐죠? _ 58

Unit 13
How many are there in your family.
가족이 몇 명이죠? _ 62

Unit 14
Are you married?
결혼하셨나요? _ 66

Unit 15
What's your hobby?
취미가 뭐죠? _ 70

Unit 16
Do you have the time?
몇 시입니까? _ 74

Unit 17
It's cloudy, today.
오늘 날씨가 흐리다. _ 78

Unit 18
Congratulations on your promotion!
승진을 축하드립니다! _ 82

Unit 19
I'd like to invite you to my house.
당신을 저의 집으로 초대하고 싶습니다. _ 86

Unit 20
Please come in.
어서 들어오세요. _ 90

Unit 21
Please help yourself.
마음껏 드세요. _ 94

Unit 22
Would you like a cup of coffee?
커피 한 잔 드시겠어요? _ 98

Unit 23
Have you ever tried Korean food?
한국 음식 먹어본 적 있으세요? _ 102

Unit 24
This coffee is on me.
이 커피는 제가 사겠어요. _ 106

Unit 25
How was your weekend?
주말을 어떻게 보냈어요? _ 110

Unit 26,
What do you do in your free time?
여가 시간에 뭘 하시나요? _ 114

Unit 27,
When will it be free?
언제 시간이 나시겠어요? _ 118

Unit 28,
Did you have a nice vacation?
휴가 잘 보내셨어요? _ 122

Unit 29,
I'm off tomorrow.
저는 내일 근무하지 않습니다. _ 126

Unit 30,
You look depressed.
너 우울해 보인다. _ 130

Unit 31,
You had better take my advice.
너는 내 충고를 받아들이는 게 좋겠다. _ 134

Unit 32,
It was on the book.
그것은 책 위에 있었다. _ 138

Unit 33,
What are you going to do?
넌 뭐 할거니? _ 142

Unit 34,
Do you want to get a part-time job?
시간제 일자리를 얻기 원하니? _ 146

• Unit 35
There's something wrong with my washing machine.
세탁기에 뭔가 문제가 생겼습니다. _ 150

• Unit 36
I want this suit dry-cleaned.
나는 이 양복을 드라이하고 싶습니다. _ 154

• Unit 37
Fill it up with supreme, please.
고급으로 가득 채워 주세요. _ 158

• Unit 38
I had a car accident.
나한테 자동차 사고가 있었다. _ 162

• Unit 39
Could I borrow some eggs?
달걀 좀 빌려주시겠어요? _ 166

• Unit 40
Can you save my place, please?
제 자리 좀 보아주시겠습니까? _ 170

PART 2   여행영어 회화

• Unit 01
May I see your boarding pass?
탑승권 좀 보여주시겠습니까? _ 176

• Unit 02
What's the purpose of your visit?
당신의 방문 목적은 무엇입니까? _ 180

Unit 03

My suitcase didn't come out.

내 여행가방이 나오지 않았습니다. _ 184

Unit 04

Do you have anything to declare?

신고할 물건 있습니까? _ 188

Unit 05

Is there a restroom near here?

이 근처에 화장실 있습니까? _ 192

Unit 06

I'd like to check in, please.

체크인하고 싶습니다. _ 196

Unit 07

I'd like to check out.

체크아웃 하길 원합니다. _ 200

Unit 08

Where is the taxi stand?

택시 타는 곳이 어디입니까? _ 204

Unit 09

Could you suggest a good restaurant?

좋은 레스토랑을 권해 주시겠어요? _ 208

Unit 10

Could you tell me where the Tourist Information Office is?

관광안내소가 어디에 있는지 가르쳐 주시겠습니까? _ 212

Unit 11

Are there any historical sites?

사적지들이 있습니까? _ 216

Unit 12
May I help you?
도와 드릴까요? _ 220

Unit 13
May I try it on?
입어봐도 될까요? _ 224

Unit 14
I'd like to rent a car.
차를 빌리고 싶습니다. _ 228

Unit 15
I'd like to send this letter to Korea.
이 편지를 한국으로 보내고 싶습니다. _ 232

Unit 16
I have a high fever.
고열이 납니다. _ 236

Unit 17
Where is the pharmacy(drugstore)?
약국이 어디에 있습니까? _ 240

Unit 18
My handbag was stolen.
핸드백을 도둑 맞았어요. _ 244

Unit 19
Would you mind taking a picture of us?
우리들 사진 좀 찍어 주실래요? _ 248

Unit 20
I'd like to see a movie tonight.
오늘 밤 영화를 보고 싶군요. _ 252

생활영어 회화

PART 1

Unit **01**

Hi.

안녕하세요.

'Hi'는 미국인들이 가장 많이 부담 없이 사용하는 인사말이다. 'Hello'
는 'Hi'보다 조금 예의바른 인사말이다.
'Good Morning(아침인사)'은 가장 예의바른 인사말로 웃어른께 사용하
면 좋다. 그러나 누구에게나 사용하는 인사말이기도 하다. 이어지는 인사
말로는 '어떻게 지내십니까?'를 의미하는 'How are you?'나 'How
are you doing?'을 많이 사용한다.

USEFUL EXPRESSIONS

01 **Hi.**
하이

02 **Hello.**
헬로우

03 **Good morning.**
굿 모닝

04 **Good afternoon.**
굿 에프터눈

05 **Good evening.**
굿 이브닝

06 **Good night.**
굿 나잇

07 **How are you?**
하우 아 유

08 **Fine, thank you. And you?**
화인 땡 – 큐 앤 쥬

09 **Fine, thank you.**
화인 땡 – 큐

01 안녕하세요.	06 안녕히 주무세요.
02 안녕하세요.	07 어떻게 지내세요?
03 안녕하세요. (아침인사)	08 잘 지내요.
04 안녕하세요. (오후인사)	그런데 당신은 어떻게 지내요?
05 안녕하세요. (저녁인사)	09 잘 지내요. 고마워요.

15

DIALOGUE 1

In-ho   Hi, Judy.
하이   쥬디

Judy   Hi, In-ho. How are you?
하이   인호   하우   아   유

In-ho   Fine, thank you. And you?
화인   땡 –   큐   앤   쥬

Judy   Very well, thank you.
베리   웰   땡 –   큐

인호 : 안녕, 쥬디.
쥬디 : 안녕, 인호. 어떻게 지내니?
인호 : 잘 지내. 고마워. 그런데 넌?
쥬디 : 잘 지내. 고마워.

이탈리안 피자가게에 들어갔을 때 아저씨께서 **"How's it going?"** 이라고 했다.
"어떻게 오셨습니까?"로 나름대로 해석을 하고, **"I'd like to have a regular pizza."** 라고 대답을 했더니 모두 폭소를 터뜨렸다. 알고보니 **"How are you?"** 의
뜻이었는데...!!

DIALOGUE 2

Sang-hee **Good morning, sir.**
굿　　　모닝　　　써

Boss **Good Morning, Sang-hee.**
굿　　　모닝　　　상희

상희: 안녕하세요, 사장님.
사장님: 안녕하신가, 상희.

> **보충 학습**
>
> · **'Good evening'**은 저녁 이나 밤에 상대방을 만났을 때 하는 인사이고, **'Good night'**은 '잘자'라는 인사 말로 쓰인다.
> · '잘 지낸다'는 인사말로는 **'Fine'** 이외에 **'Great, Just fine, Very well'** 등이 있다.

WORDS

· fine [fain] 좋은, 훌륭한
· very [véri] 매우, 대단히
· morning [mɔ́ːrniŋ] 아침
· evening [íːvniŋ] 저녁

· thank [θæŋk] 감사하다
· good [gud] 좋은
· afternoon [æftərnúːn] 오후
· how [hau] 어떻게

Unit 02

Goodbye.

안녕히 가세요.

언제 어디서 누구와 헤어지더라도 쓸 수 있는 가장 일반적인 표현은 Goodbye이다. 밤에 헤어질 때는 Good night을 쓴다. Bye-bye는 어린 이들이 흔히 쓰는 표현이지만 어른들도 친한 사이에서 많이 사용한다. 친한 사이에서는 Bye, See you, So long 등도 자주 쓰인다.

USEFUL EXPRESSIONS

01 **Good- bye.**
굳 　　　　바이

02 **Bye.**
바이

03 **See you.**
씨 　　유

04 **So long.**
쏘 　　롱

05 **See you later.**
씨 　　유 　　레이러

06 **See you tomorrow.**
씨 　　유 　　투마로우

07 **See you at 5.**
씨 　　유 　　앳 화이브

08 **See you next week.**
씨 　　유 　　넥스트 윅

09 **See you on Saturday.**
씨 　　유 　　온 쌔러데이

10 **Have a nice day.**
해브 　어 나이스 데이

01 안녕히 가세요.　　　　　06 내일 만나요.
02 안녕.　　　　　　　　　　07 5시에 만나요.
03 안녕.　　　　　　　　　　08 다음 주에 만나요.
04 안녕.　　　　　　　　　　09 토요일에 만나요.
05 나중에 만나요.　　　　　10 좋은 하루 보내세요.

DIALOGUE 1

Judy **I must say goodbye now.**
아이 머스트 쎄이 굿바이   나우

In-ho **Really? See you later.**
리얼리   씨   유   레이러

Judy **See you later.**
씨   유   레이러

쥬디: 이제 가봐야 되겠어요.
인호: 정말요? 나중에 봐요.
쥬디: 나중에 봅시다.

꼬꼬댁 꼬꼬!

bye-bye는 귀엽고, 아이다운 표현으로 어른들이 아이에게, 또는 귀엽고 어린애스럽게
말할 때 쓴다. 청소년기 소녀들이나 친한 여자들 사이에서도 흔히 쓰인다. 성인 남자들
은 거의 쓰지 않는다. **bye**는 격이 없는 표현으로 성인들도 사용한다.

DIALOGUE 2

Jin-sil **I have to go now.**
아이 해브   투   고우   나우

Bye.
바이

In-su **Bye.**
바이

진실: 이제 가봐야만 되겠어.
　　　안녕.
인수: 안녕.

보충 학습

· 이제 가봐야만 되겠어.
  ex) I must say goodbye now.
  I have to go now.
· **Have a nice weekend.**
  주말 잘 보내세요.
· **Good luck to you.**
  당신에게 행운이 있기를 빕니다.
· **Take care.**
  몸조심 하세요.

 **WORDS**

· **week** [wiːk] 주
· **say** [sei] 말하다
· **care** [kɛər] 염려, 돌봄, 주의

· **weekend** [wíːkènd] 주말
· **luck** [lʌk] 운명, 운

21

Unit **03**

Glad to meet you.

만나서 반가워요.

외국인과 처음 만났을 때 'How do you do?' 나 'Hi', 'Hello' 등의 인사말을 하고, 'Nice to meet you.'를 사용하면 좋다. 이어서 자기소개로 자기 이름이나 국적 등을 말하면 제격이다. 외국인이 말을 걸어오길 기다리며 먼저 반가운 표정으로 인사말을 하면 즐거운 대화가 될 것이다.

USEFUL EXPRESSIONS

01 **How do you do?**
하우　두　유　두

02 **Nice to meet you.**
나이스　투　미－　츄

03 **Let me introduce myself.**
렛　미　인트러듀스　마이셀프

04 **My name is Jin-su Kim.**
마이　네임　이즈 진수　김

05 **I'm from Korea.**
아임　프럼　코리아

06 **I'm Korean.**
아임　코리언

07 **Pleased to meet you.**
플리즈　투　미－　츄

08 **Nice to meet you, too.**
나이스　투　미－　츄　투

09 **This is my friend, Smith.**
디스　이즈 마이　프렌(드)　스미스

01 처음 뵙겠습니다.
02 만나서 반갑습니다.
03 제 소개를 하겠습니다.
04 제 이름은 김진수입니다.
05 저는 한국 사람입니다.

06 저는 한국 사람입니다.
07 만나서 반갑습니다.
08 저도 역시 반가워요.
09 이쪽은 내 친구 스미스예요.

23

In-su **Hi. Glad to meet you.**
하이 글래- 투 미- 츄

Jane **Hi. Glad to meet you, too.**
하이 글래- 투 미- 츄 투-

In-su **I am In-su Kim from Korea.**
아이 엠 인수 김 프럼 코리어

Jane **I am Jane.**
아이 엠 제인

인수: 안녕하세요. 만나서 반가워요.
제인: 안녕하세요. 저도 역시 반가워요.
인수: 저는 한국에서 온 김인수예요.
제인: 저는 제인이에요.

꼬꼬댁 꼬꼬!

meet는 '만나다'의 뜻 뿐만 아니라 처음 만난 사람끼리 서로 인사한다는 뜻이다. 그래서 **"Tom, let me introduce Mr. Kim to you."** 보다는 **"Tom, did you meet Mr. Kim?"**이라는 표현을 많이 쓴다.

24

DIALOGUE 2

In-su **Nice to meet you.**
나이스 투 미- 츄

I am from Korea.
아이 엠 프럼 코리어

My name is In-su Kim.
마이 네임 이즈 인수 김

Jane **Nice to meet you, too.**
나이스 투 미- 츄 투-

My name is Jane.
마이 네임 이즈 제인

인수 : 만나서 반가워요.
　　　 저는 한국에서 왔어요.
　　　 제 이름은 김인수예요.
제인 : 저도 역시 반가워요.
　　　 제 이름은 제인이에요.

 WORDS

- **nice**[nais] 기분 좋은, 친절한
- **meet**[miːt] 만나다
- **pleased**[pliːzd] 기쁜
- **name**[neim] 이름
- **from** ~로부터, 출처나 출신지를 나타낼 때 쓰임.
- **let** + 목적어 + 동사원형 목적어가 ~하게 하다, 목적어가 ~하는 것을 허락하다.

Long time no see.

오랜만입니다.

오랜만에 만났을 때 가장 많이 쓰는 인사말은 "Long time no see."나 "I haven't seen you for a long time."이다. 그 동안의 안부를 묻는 인사말로는 "How have you been?"을 쓰면 된다.

USEFUL EXPRESSIONS

01 It's been a long time.
이츠 빈 어 롱 타임

02 I haven't seen you for a long time.
아이 해븐(트) 씬 유 훠 어 롱 타임

03 I haven't seen you for ages.
아이 해븐(트) 씬 유 훠 에이지스

04 I haven't seen you around lately.
아이 해븐(트) 씬 유 어라운드 레이틀리

05 How have you been?
하우 해브 유 빈

06 Everything's fine with me.
에브리띵스 화인 위드 미

07 I'm so glad to see you again.
아임 소 글래- 투 씨 유 어겐

08 Where do you live now?
웨어 두 유 리브 나우

09 Let's keep in touch.
렛츠 키- 빈 터치

01 오랜만입니다.   06 만사형통입니다.
02 오랜만입니다.   07 다시 만나서 무척 반가워요.
03 오랜만입니다.   08 지금 어디에 사시죠?
04 최근에 뵙지를 못했군요.   09 계속 연락합시다.
05 어떻게 지내셨어요?

DIALOGUE 1

Michael Long time no see.
롱   타임   노   씨

How have you been?
하우   해브   유   빈

Judy Fine. And how about you?
화인   앤   하우   어바우-   츄

Michael I've been okay.
아이브   빈   오케이

마이클: 오랜만이다.
        그동안 어떻게 지냈니?
쥬디: 잘 지냈어. 그런데 넌?
마이클: 잘 지냈어.

꼬꼬댁 꼬꼬!

Long time no see는 **I haven't seen you for a long time**의 준말이다.
짝사랑은 **one-side love**가 아니라 **unreturned love** 또는 **unrequited love**이다.

28

Michael **Tom! It's been a long time.**
탐　　　이즈　빈　　어 롱　　타임

Tom **Michael! Long time no see.**
마이클　　　롱　　타임　노　씨

How have you been?
하우　해브　유　빈

Michael **So so. How about you?**
쏘　쏘　하우　어바우-　츄

Tom **Fine.**
화인

마이클: 탐! 오랜만이다.
탐: 마이클! 오랜만이다.
　　그동안 어떻게 지냈니?
마이클: 그저 그랬어. 넌 어떠니?
탐: 잘 지냈어.

WORDS

· long [lɔːŋ] 긴, 오랜
· see [siː] 보다
· lately [léitli] 최근에
· keep [kiːp] 유지하다

· time [taim] 시간
· for ages 오랫동안
· everything [évriθiŋ] 모든 것
· touch [tʌtʃ] 접촉

Unit

05

I beg your pardon?

다시 한 번 말씀해 주시겠어요?

외국인과 맞닥뜨렸을 때, 상대방의 말을 제대로 이해하지 못했을 때는 대충 넘어가려 하지 말고 반드시 되물어서 이해를 분명히 하는 게 좋다. 적당히 넘어가려다가 상대방의 오해를 사는 경우들이 있다.

USEFUL EXPRESSIONS

01 **I beg your pardon?**
아이 베- 규어 파든

02 **Beg your pardon?**
베- 규어 파든

03 **Pardon me?**
파든 미

04 **Pardon?**
파든

05 **Could you say it again?**
쿠- 쥬 쎄이 이- 더겐

06 **What do you mean by that?**
왓 두 유 민 바이 댓

07 **I'm sorry I didn't catch what you said.**
아임 쏘리 아이 디든 캐취 워- 류 쎄드

08 **Would you please write it down?**
우- 쥬 플리즈 롸이 딧 다운

09 **How do you spell that?**
하우 두 유 스펠 댓

10 **Could you spell that for me?**
쿠- 쥬 스펠 댓 휘 미

11 **Can you speak more slowly?**
캔 유 스픽 모어 슬로우리

12 **Can you speak a little louder?**
캔 유 스픽 어 리를 라우더

01 다시 한 번 말씀해 주시겠습니까?
02 다시 한 번 말씀해 주실래요?
03 다시 한 번 말씀을?
04 다시 말씀을?
05 다시 한 번 말씀해 주시겠어요?
06 그것은 무슨 뜻이죠?
07 미안합니다만 말씀하신 것을 알아듣지 못했습니다.
08 그걸 써 주시겠습니까?
09 그건 철자가 어떻게 되나요?
10 저를 위해 철자를 말씀해 주실래요?
11 좀 더 천천히 말씀해 주시겠어요?
12 좀 더 크게 말씀해 주시겠어요?

31

DIALOGUE 1

Johnson **My name is Robert Johnson.**
마이 네임 이즈 라벗 잔슨

Judy **Beg your pardon?**
베- 규어 파든

Johnson **Robert Johnson.**
라벗 잔슨

Judy **Could you spell that for me?**
쿠 - 쥬 스펠 댓 훠 미

Johnson **R o b e r t   J o h n s o n.**
알 오 비 이 알 티 제이 오 에이취 엔 에스 오 엔

잔슨: 제 이름은 라버트 잔슨입니다.
쥬디: 다시 한번 말씀해 주실래요?
잔슨: 라버트 잔슨입니다.
쥬디: 저를 위해 철자를 말씀해 주실래요?
잔슨: 알 오 비 이 알 티 제이 오 에이취 엔 에스 오 엔.

해외여행을 하다보면 "누구세요?"라고 물어야 할 상황이 많다. 그러나 아무 때나 **"Who are you?"**를 사용해서는 안 된다. 호텔에서 누군가 방문을 두드릴 때는 **"Who is it there?(거기 누구세요?)"**를 쓰고 전화를 건 사람을 확인할 때는 **"Who's calling, please?"**를 쓰는 게 적합하다.

DIALOGUE 2

In-su **How can I reach you?**
하우   캐 - 나이 리-   츄

Judy **Pardon me?**
파든   미

What do you mean by that?
왓   두   유   민   바이 댓

In-su **I'd like to know your phone number.**
아이드 라익 투 노우   유어 폰   넘버

Judy **Oh, I see.**
오우   아이 씨

인수: 제가 어떻게 연락할 수 있을까요?
쥬디: 다시 한번 말씀해 주시겠어요?
　　　그 말이 무슨 뜻이죠?
인수: 당신의 전화번호를 알고 싶습니다.
쥬디: 아, 알겠습니다.

WORDS

· **pardon**[pɑːrdn] 용서, 용서하다　· **beg**[beg] 빌다, 청하다
· **repeat**[ripíːt] 반복하다　· **mean**[miːn] 의미하다
· **catch**[kætʃ] 이해하다　· **spell**[spel] (~이라고) 철자하다

33

Track **06**

Unit

06

Thank you very much.

대단히 감사합니다.

우리는 상대방의 호의에 대하여 마음으로는 느끼면서도 표현하는 데는 다소 인색한 것 같다. 이러한 우리네 태도는 때로 외국인에게 오해를 사기 쉽다. 상대방의 감사의 표현에 대하여 적절한 응대를 하는 것이 반드시 필요하다.

USEFUL EXPRESSIONS

01 **Thank you.**
땡 – 큐

02 **Thanks.**
땡스

03 **Thanks a lot.**
땡스   어 랏

04 **Thank you so much.**
땡 – 큐 소 머치

05 **Thank you for your kindness.**
땡 – 큐 훠 유어   카인니쓰

06 **Thank you for your help.**
땡 – 큐 훠 유어 헬프

07 **Thanks for calling.**
땡스   훠 콜링

08 **Thanks for coming.**
땡스   훠 커밍

09 **Not at all.**
나 – 대 – 돌

10 **You're welcome.**
유어   웰컴

11 **Don't mention it.**
도운   멘셔 –   닛

01 감사합니다.
02 고마워요.
03 매우 고마워요.
04 대단히 감사합니다.
05 당신의 친절에 감사드립니다.
06 도와 주셔서 감사합니다.
07 전화해 주셔서 감사합니다.
08 와 주셔서 고마워요.
09 천만에요.
10 천만에요.
11 천만에요.

DIALOGUE 1

Cheol-su **Thank you for inviting me.**
땡 – 큐 훠 인바이딩 미

I had a very nice time.
아이 해드 어 베리 나이스 타임

Eun-heui **I'm glad you enjoyed it.**
아임 글랫 – 유 엔조이– 딧

철수 : 저를 초대해 주셔서 감사합니다.
　　　매우 좋은 시간을 보냈어요.
은희 : 즐겁게 보내셨다니 기쁘군요.

영미인들은 **thank you for** 뒤에 '소유격 대명사(my, your 등) + ing'를 쓰지 않고,
'thank you for ~ing'로 쓴다. 다만 **for** 뒤에 명사를 쓸 수 있으며, 이때 그 앞에
소유격을 사용할 수 있다.

　　ex) **Thank you for your helping.　(X)**
　　　　Thank you for your help.　　(O)

Eun-heui **Thank you for your present.**
땡 – 큐 휘 유어 프레즌트

The doll is too pretty.
더 달 이즈 투– 프리디

Cheol-su **You're welcome.**
유어 웰컴

I'm glad you like it.
아임 글랫 – 유 라이 킷

은희: 선물 주신 것 감사드려요.
    인형이 너무 예뻐요.
철수: 천만에요.
    맘에 든다니 기쁘군요.

WORDS

· **kindness**[káindnis] 친절
· **mention**[ménʃ∂n] ~에 대하여 언급하다
· **Thank you for ~** ~에 대해 감사하다
· **call**[kɔːl] 전화를 걸다
· **present**[prézənt] 선물, 출석한, 현재

  ex) Thank you for your kindness. 친절하게 대해 주셔서 감사합니다.

Unit 07

I am sorry.

대단히 죄송합니다.

상대에게 용서를 구하거나 사과할 일이 있을 경우에는 사전이나 사후에 반드시 적절한 인사말을 잊어서는 안 된다. 우리나라에서 전철을 타고 가다 가방 등의 물건으로 상대방의 몸을 건드리거나 발을 밟았을 때 아무 말도 안 하는 사람들을 보게 된다. 이러한 행동은 결코 예의바른 행동이 아닐 것이다.

USEFUL EXPRESSIONS

01 **Sorry.**
쏘리

02 **Excuse me.**
익스큐즈   미

03 **I beg your pardon.**
아이 베 – 규어   파든

04 **I'm sorry I'm late.**
아임 쏘리   아임 레잇

05 **I'm sorry to bother you.**
아임 쏘리   투 바더   유

06 **Sorry to interrupt you.**
쏘리   투 인터럽 –   츄

07 **Excuse me for a moment.**
익스큐즈   미   풔 러 모우먼(트)

08 **Please forgive me.**
플리즈   휘기브   미

09 **That's all right.**
댓츠   올   롸잇

10 **It's okay.**
이츠 오케이

01 미안해요.
02 실례합니다.
03 죄송합니다.
04 늦어서 미안합니다.
05 귀찮게 해서(폐를 끼쳐서) 죄송합니다.
06 방해해서 죄송합니다.
07 잠깐 실례하겠습니다.
08 저를 용서해 주세요.
09 괜찮습니다.
10 괜찮아요.

DIALOGUE 1

Tony
I'm sorry I'm late.
아임 쏘리 아임 레잇

Kyung-mi
Why are you so late?
와이 아 유 쏘 레잇

Tony
I overslept.
아이 오버슬렙트

Kyung-mi
Don't be late again.
돈 비 레잇 어겐

토니: 늦어서 미안합니다.
경미: 왜 그렇게 늦었어요?
토니: 늦잠을 잤습니다.
경미: 다시는 늦지 마세요.

꼬꼬댁 꼬꼬!

한국인들은 **"I'm sorry."**를 상대방에게 무례하게 굴었거나 피해를 입혔을 때만 쓰는 것으로 알고 있다. 하지만 그렇지 않은 경우에도 여러 경우에 습관적으로 쓰인다.(초대 · 부탁의 거절, 예의 바른 전화 용어 등)

ex) **I'm sorry, but I have other plans.**
미안하지만 다른 계획이 있어요.(초대를 거절할 때)
I'm sorry, you have the wrong number.
미안하지만 전화 잘못 거셨어요.

DIALOGUE 2

Hyun-jin **Excuse me, where is the subway station?**
익스큐즈 미 웨어 리즈 더 써브웨이 스테이션

Woman **I'm sorry, but I don't know.**
아임 쏘리 버 – 라이 돈 노우

현진: 실례지만, 지하철역이 어디에 있죠?
여자: 미안합니다만, 모르겠어요.

WORDS

· **apologize** [əpɔ́lədʒàiz] 사과하다
· **beg** [beg] ~을 청하다
· **pardon** [pɑ́ːrdn] 용서, 용서하다
· **interrupt** [intərʌ́pt] 방해하다

41

Unit **08**

May I ask a favor of you?

제가 부탁 한 가지 해도 될까요?

상대방에게 뭔가를 부탁하거나 의뢰할 때는 예의바른 공손한 표현이 필요하다. 일반적으로 조동사의 과거형을 쓰는 것이 정중한 표현이 된다.

USEFUL EXPRESSIONS

01 **Do you mind if I smoke?**
두 유 마인드 이-파이 스목

02 **No, of course not.**
노우 오브 콜스 낫

03 **Will (Would) you do me a favor?**
윌 (우쥬) 류 두 미 어 훼이버

04 **May I help you?**
메이 아이 헬 - 퓨

05 **May I use your telephone?**
메이 아이 유즈 유어 텔레폰

06 **Can I sit down here?**
캔 아이 씻 다운 히어

07 **Do you mind if I open the window?**
두 유 마인드 이-파이 오픈 더 윈도우

08 **Not at all.**
나 - 대 - 돌

09 **Sure.**
슈어

10 **No problem.**
노 프라블럼

11 **All right.**
올 라잇

01 담배를 피워도 괜찮겠습니까?
02 물론 괜찮습니다.
03 부탁 한 가지 들어주시겠어요?
04 도와드릴까요?
05 제가 전화 좀 사용해도 될까요?
06 여기에 앉아도 될까요?

07 창문을 열어도 될까요?
08 괜찮고 말고요.
09 물론이죠.
10 전혀 문제없습니다.(괜찮습니다)
11 괜찮습니다.

43

DIALOGUE 1

Tony Would you mind if I smoke?
우 - 　　쥬　　마인드　　이 - 파이 스목

Driver No, of course not. Go ahead.
노　　오브 콜스　　낫　　고우　어헷

토니: 제가 담배를 피워도 괜찮겠어요?
운전사: 예, 물론입니다. 어서 피우시죠.

스카치 테이프가 필요해서 외국인 친구에게 부탁을 했더니 의사소통이 안되었다.
Do you have scotch tapes?(너 스카치 테이프 있니?) **(X)**
나중에 유학 온 친구로부터 **adhesive tape**로 쓰는 걸 알게 되었다.

　　cf. 호치키스(X) → **stapler (O)** 스테이플러, 찍개
　　　　sharp pencil(X) → **mechanical pencil(O)** 샤프펜슬

44

Jin-sil **Do you mind helping me carry this bag?**
두 유 마인드 헬핑 미 캐리 디스 백

Driver **No problem.**
노 프라블럼

Where do you want to take it?
웨어 두 유 원 - 투 테이 - 킷

Jin-sil **On the second floor.**
온 더 쎄컨 플로어

진실: 이 가방 운반하는 걸 도와주시겠어요?
운전사: 좋습니다.
　　　 어디로 가져가길 원하시죠?
진실: 이층으로요.

WORDS

· **favor** [féivər] 은혜, 부탁, 호의, 친절
· **carry** [kǽri] 운반하다
· **problem** [prɑbləm] 문제
· **smoke** [smouk] 담배를 피우다
· **take** [teik] 가져가다
· **second floor** 이층
· **Would you mind if~?** ~해도 괜찮겠어요?
　　※ **Mind**는 '꺼리다, 싫어하다' 의 뜻이다. 직역하면 '~한다면 꺼리시겠어요?' 의 뜻이다.
· **May I come in?** 들어가도 될까요?

45

Unit 09

I think so.

저도 그렇게 생각합니다.

상대방이 말을 할 때 가만히 쳐다보기만 하는 것은 대화의 분위기를 어색하게 한다. 상대방의 말에 적당히 맞장구를 해주는 것이 대화를 즐겁게 하고 분위기를 원활히 하는 데 매우 도움이 된다.

USEFUL EXPRESSIONS

01 **I agree with you.**
아이 어그리 위드 유

02 **I think so.**
아이 띵- 쏘

03 **Really?**
리얼리

04 **Is that so?**
이즈 댓 쏘

05 **That's right.**
댓츠 롸잇

06 **That's great.**
댓츠 그뤠잇

07 **I hope so.**
아이 홉 쏘

08 **I can't believe it.**
아이 캔트 빌리- 빗

09 **I'm glad to hear that.**
아임 글랫- 투 히어 댓

10 **I'm sorry to hear that.**
아임 쏘리 투 히어 댓

01 동의합니다.
02 저도 그렇게 생각합니다.
03 정말이에요?
04 그래요?
05 맞아요.

06 멋져요.
07 그렇게 되길 바래요.
08 믿을 수 없어요.
09 그거 참 잘됐군요.
10 그거 참 안됐군요.

Cheol-su **How are you?**
하우　　아　　유

Jin-sil **Not so well.**
낫　　쏘　　웰

I have a cold.
아이 해브　　어　코울드

Cheol-su **That's too bad.**
댓츠　　투-　　뱃

철수: 어떻게 지내니?
진실: 별로 안 좋아.
　　　감기에 걸렸어.
철수: 그거 참 안됐구나.

말하는 내용이 사실인지 불확실할 때 'maybe I think...'라고 하게 되면 영미인들에게 혼동을 주거나 우스운 말이 된다. 이럴 때는 **'I think (that)...'**이 적합하다. 이 표현은 개인적이고 주관적인 견해를 나타낼 때도 쓰인다.

　　ex) I think it will rain this evening. 오늘 저녁 비가 올 것 같은데.

48

DIALOGUE 2

Cheol-su He got married last week.
히 갓 매리드 래스 튁

Jin-sil Really?
리얼리

Cheol-su That's true.
댓츠 츠루우

철수: 그가 지난주에 결혼했대.
진실: 정말이야?
철수: 사실이야.

 WORDS

- **agree**[əgríː] 동의하다
- **really**[ríːəli] 정말로
- **right**[rait] 맞은, 오른쪽
- **believe**[bilíːv] 믿다
- **hear**[hiər] 듣다
- **marry**[mǽri] 결혼하다

- **think**[θiŋk] 생각하다
- **so**[sou] 그렇게, 그와 같이
- **hope**[houp] 희망하다
- **glad**[glæd] 기쁜
- **cold**[kould] 추운, 감기
- **last week** 지난주에

49

How can
I contact you?

당신에게 어떻게 연락할 수 있죠?

사람과 사람이 만났을 때 다음의 만남을 위하여 연락처 정도는 알아두는 센스가 필요하다. 상당한 기간이 흐른 후에, 긴요한 연락이 필요할 때 연락처를 모르는 경우가 생긴다면 매우 난처한 처지가 될 것이다.

USEFUL EXPRESSIONS

01 **How can I reach you?**
하우 캔 아이 리치 유

02 **What's your phone number?**
왓츠 유어 폰 넘버

03 **Do you have his phone number?**
두 유 해브 히즈 폰 넘버

04 **I'm afraid I don't know.**
아임 어후레이드 아이 돈 노우

05 **You can try his office.**
유 캔 츠라이 히즈 오피스

06 **Would you repeat that number?**
우 - 쥬 뤼핏 댓 넘버

07 **It's urgent.**
잇츠 어전(트)

08 **Let's keep in touch.**
렛츠 키 빈 터치

09 **Did you call his office?**
디 - 쥬 콜 히즈 아피스

01 어떻게 당신과 연락할 수 있습니까?
02 전화번호가 어떻게 되시죠?
03 그의 전화번호 알고 있어요?
04 잘 모르겠는데요.
05 그의 사무실로 알아볼 수 있습니다.
06 그 번호를 다시 한번 말씀해 주시겠어요?
07 급한 일입니다.
08 계속 연락합시다.
09 그의 사무실에 연락해 봤어요?

DIALOGUE 1

Piter How can I contact you?
하우 캔 아이 컨택트 유

Judy Please call 456-1234.
플리즈 콜 휘 화이브 씩스 – 원 투 쓰리 휘

Piter Is this your office number?
이즈 디스 유어 아피스 넘버

Judy Yes, it is.
예스 잇 이즈

피터: 당신에게 어떻게 연락할 수 있죠?
쥬디: 456-1234로 전화하세요.
피터: 이게 당신 사무실 전화번호예요?
쥬디: 예, 그렇습니다.

꼬꼬댁 꼬꼬!

흑인들이 모여 있는 곳에서 **nigger**(흑인을 경멸적으로 일컫는 말)라고 하다간 뼈도 못 추린다. 한국 학생들과 기름과 치즈로 범벅이 된 음식을 먹고 속이 거북해서 '속이 니글니글하다'고 했다. 그때 옆에 있던 흑인이 '**nigger, nigger**'라고 알아듣고 죽일 듯이 달려들었다.

DIALOGUE 2

Judy **Do you know Tom's phone number?**
두　　유　　노우　　탐즈　　폰　　넘버

Piter **Yes, I do.**
예스　아이 두

It's 234-5434.
잇츠 투 쓰리 휘– 화이브 휘 쓰리 휘

Judy **Thank you very much.**
땡 –　　큐　　베리　　머치

쥬디 : 탐 전화번호 아니?
피터 : 응, 알아.
　　　234-5434야.
쥬디 : 고맙다.

WORDS

· contact[kántækt] 연락하다, 접촉하다　　· reach[riːtʃ] 연락하다, 접촉하다
· telephone book (directory) 전화번호부
· I'm afraid that~ ~인 것 같다, ~라고 생각하다
· I'm afraid that it'll rain tonight. 오늘밤 비가 올 것 같다.
　※ afraid ~을 두려워하여

Unit

11

Where are you from?

당신은 어디 출신이시죠?

외국인과 대화할 때 기본적으로 묻는 말은 상대방의 국가명과 출신지, 이름 등이다. 국가 명이나 출신지역을 묻는 가장 일반적인 말은 Where are you from?이나 Where do you come from?이다. 상대방의 이름을 묻는 예의바른 좋은 표현은 May I ask (have) your name?이다.

USEFUL EXPRESSIONS

01 **Where are you from?**
웨어- 라 유 프럼

02 **Where do you come from?**
웨어 두 유 컴 프럼

03 **What's your nationality?**
왓츠 유어 내셔낼러티

04 **Are you American?**
아 유 어메리컨

05 **May I ask your name?**
메이 아이 애스끄 유어 네임

06 **What's your name?**
왓츠 유어 네임

07 **What's your first name?**
왓츠 유어 훨스뜨 네임

08 **What's your last name?**
왓츠 유어 래스뜨 네임

09 **How do you spell your name?**
하우 두 유 스펠 유어 네임

01 어디 출신이시죠?
02 어디 출신이시죠?
03 국적이 어디십니까?
04 당신은 미국 사람입니까?
05 성함이 어떻게 되시죠?

06 이름이 뭐죠?
07 이름(성이 아니라)이 뭐죠?
08 성이 뭐죠?
09 이름의 철자가 어떻게 되죠?

DIALOGUE 1

In-su **Are you American?**
아 유 어메리컨

Jane **No, I'm not. I'm Canadian.**
노 아임 낫 아임 커내이디언

Where are you from?
웨어 - 라 유 프럼

In-su **I'm from Korea.**
아임 프럼 코리어

인수: 미국인이세요?
제인: 아닌데요. 저는 캐나다인입니다.
　　　당신은 어디 출신이시죠?
인수: 저는 한국인입니다.

한국인들은 백인이나 흑인을 보면 무조건 미국인이라고 판단하는 사람들이 많다. 한때 반미 감정이 고조되었던 시절, 아프리카 탄자니아 사람이 전철을 탔는데, 술 취한 한 청년이 흥분하여 '양키 고우 홈'을 연발하는 바람에 큰 곤욕을 치뤘다고 한다.
"Where are you from?" 정도는 물었어야 하지 않을까!!

Sun-hee I'm Sun-hee Kim.
아임   순희   김

May I have your name?
메이   아이 해브   유어   네임

Jane I'm Jane.
아임   제인

순희: 저는 김순희입니다.
　　 이름이 어떻게 되죠?
제인: 저는 제인입니다.

> **보충 학습**
>
> · 상대방의 이름을 물을 때, **'What's your name?'** 보 다 는 **'May I ask (have) your name?'**이 공손한 표현이다.
> · 이름(first name)이 성(last name, family name, surname) 보다 앞에 쓰는 것이 우리와 다르다.

WORDS

· **name**[neim] 이름
· **ask**[æsk] 묻다

· **nationality**[næʃənǽləti] 국적
· **spell**[spel] ~을 철자하다

Unit

12

What do you do?

하시는 일이 뭐죠?

상대방의 직업을 묻는 표현으로는 What do you do?나 What's your job?이 많이 쓰인다. What are you doing?은 '지금 무슨 행동을 하고 있느냐?' 는 뜻이므로 주의하기 바란다.

USEFUL EXPRESSIONS

01 **What do you do?**
왓　　두 유　　두

02 **What do you do for a living?**
왓　　두 유　　두　휘 - 러 리빙

03 **What do you work for?**
왓　　두 유　월　　휘

04 **What's your job?**
왓츠　　유어　잡

05 **What's your occupation?**
왓츠　　유어　　아큐페이션

06 **What kind of job do you have?**
왓　카인 - 너브잡 두 유　핵

07 **What company are you working for?**
왓　캄퍼니　아 유　워킹　　휘

01 직업이 뭐죠?
02 직업이 뭐죠?
03 직업이 뭐죠?
04 직업이 뭐죠?

05 직업이 뭐죠?
06 어떤 일을 하시죠?
07 어떤 회사에서 일하시죠?

DIALOGUE 1

Mr Kim **What's your job?**
왓츠　　　유어　　　잡

Jane **I'm an English teacher.**
아이　먼　잉글리쉬　　티처

미스터 김: 직업이 뭐죠?
제인: 영어교사입니다.

occupation은 직업, 일의 일반적인 말이고, calling은 보통 천직을 말하며, profession은 전문직업을 뜻한다. job은 앞의 것들을 포괄하는 넓은 의미의 일자리로 사용된다.

DIALOGUE 2

Sun-hee   **What do you do, Mr. Kim?**
왓　　두 유 두　　미스터 김

Mr. Kim   **I work for Inchon SK company.**
아이 웍　휘　인천　　에스케이 캄퍼니

Sun-hee   **What position do you hold?**
왓　　포지션　　두 유　　호울드

Mr. Kim   **I'm an accountant.**
아이 먼　어카운턴트

순희: 미스터 김, 하시는 일이 뭐죠?
미스터 김: 인천 SK회사에 근무합니다.
순희: 어떤 직책을 가지고 있죠?
미스터 김: 회계원입니다.

WORDS

- **living** [lívin] 생존, 생계
- **job** [dʒab] 일, 직업
- **kind** [kaind] 종류, 친절한
- **teacher** [tí:tʃər] 교사
- **accountant** [əkáuntənt] 회계원

- **work** [wə:rk] 일하다
- **occupation** [akjəpéiʃən] 직업
- **company** [kʌ́mpəni] 회사
- **position** [pəzíʃən] 위치, 지위

How many are there in your family?

가족이 몇 명이죠?

처음 만난 사람들과 흔히 나누게 되는 이야기는 서로의 가족에 관한 것이다. 한국 사람이 범하는 큰 실수 중의 하나는 가족이 5명이라는 표현을 'I have 5 families.'라고 표현하는 것이다. 주어진 문장의 뜻은 '나는 5 가족을 거느린다.'는 엉뚱한 뜻이 된다.

USEFUL EXPRESSIONS

01 There are five (people) in my family.
데어(더)- 라 화이브 (피플) 인 마이 패밀리

02 Do you have a family?
두 유 해브 어 패밀리

03 I have two girls and a boy.
아이 해브 투 걸즈 애- 너 보이

04 How many children do you have?
하우 매니 칠드런 두 유 햅

05 I have one son.
아이 해브 원 썬

06 Do you have any brothers and sisters?
두 유 해브 애니 브라더즈 앤 씨스터즈

07 How many brothers and sisters do you have?
하우 매니 브라더즈 앤 씨스터즈 두 유 햅

08 I have a brother but no sisters.
아이 해브 어 브라더 벗 노 씨스터즈

09 Do you live with your grandparents?
두 유 리브 위드 유어 그랜페어런츠

10 I'm the eldest (youngest).
아임 디 엘디스트 (영기스트)

11 I'm an only son (daughter).
아이 먼 오운리 썬 (도러)

01 우리 가족은 5명입니다.
02 자녀가 있습니까?(결혼하셨나요?)
03 딸 둘과 아들 하나가 있습니다.
04 자녀들은 몇 명이나 됩니까?
05 아들이 하나 있습니다.
06 형제 자매가 있습니까?

07 형제 자매는 몇 명입니까?
08 형제가 한 명 있고,
    자매는 없습니다.
09 당신은 조부모와 함께 삽니까?
10 저는 맏이(막내)입니다.
11 저는 외아들(외딸)입니다.

Chang-ju   How many are there in your family?
하우   매니   아   데어   인 뉴어   패밀리

Eun-mi   There are four in my family:
데어(더) – 라   휘   인 마이   패밀리

parents, one sister and me.
페어런츠   완   씨스터   앤   미

창주: 너의 가족은 몇 명이니?
은미: 네 명이야.
　　　부모님, 누이동생, 그리고 나.

꼬꼬댁 꼬꼬!

‘나의 가족은 몇 명이다’라는 표현은 ‘**My family is** (숫자) ~’가 아니라 ‘**There are**
(숫자) **people in my family.**’이다.

　　ex) **My family is three. (X)**
　　　　There are 3 people in my family. (O)

Eun-mi   Do you have any brothers and sisters?
두 유 해브 애니 브라더즈 앤 씨스터즈

Chang-ju   I have one brother and two sisters.
아이 해브 원 브라더 앤 투 씨스터즈

Eun-mi   Do you have grandparents?
두 유 해브 그랜페어런츠

Chang-ju   Yes, I do.
예스 아이 두

은미 : 형제 자매들이 있니?
창주 : 한 명의 형제와 두 명의 자매가 있어.
은미 : 조부모님은 계시니?
창주 : 응, 계셔.

WORDS

· family [fǽməli] 가족
· sister [sístər] 자매
· daughter [dɔ́:tər] 딸
· young [jʌ́ŋ] 어린, 젊은
· eldest [éldist] 가장 나이 많은, 장유의 순서를 가릴 때 씀

· brother [brʌ́ðər] 형제
· son [sʌn] 아들
· grandparents [grǽnìpɛ̀ərənt] 조부모
· old [ould] 나이 든, 늙은

65

Track **14**

Unit **14**

Are you married?

결혼하셨나요?

매우 절친하지 않은 사이에서는 사생활에 관한 질문을 하지 않는 게 예의이다. 하지만 가까운 사이에서는 그런 대화가 가능하다.

USEFUL EXPRESSIONS

01 **Are you single?**
아 유 싱글

02 **Are you married or single?**
아 유 매리드 오어 싱글

03 **Do you have any children?**
두 유 해브 애니 칠드런

04 **Do you have any brothers and sisters?**
두 유 해브 애니 브라더즈 앤 시스터즈

05 **I'm not married.**
아임 낫 매리드

06 **I'm engaged to Tom.**
아임 엔게이지드 투 탐

07 **When do you plan to get married?**
웬 두 유 플랜 투 갓 매리드

08 **How many children do you have?**
하우 매니 칠드런 두 유 햅

09 **None of your business.**
넌 어브 유어 비즈니스

01 당신은 독신이십니까?
02 결혼하셨나요,
   아니면 미혼이신가요?
03 자녀가 있으신가요?
04 형제 자매가 있습니까?

05 전 결혼하지 않았습니다.
06 저는 탐과 약혼했어요.
07 언제 결혼할 계획이시죠?
08 자녀는 몇 명이나 됩니까?
09 참견하지 마세요.

DIALOGUE 1

In-pyo
Are you married?
아 유 매리드

Sun-hee
No, I'm single.
노 아임 싱글

How about you?
하우 어바우- 츄

In-pyo
I'm married.
아임 매리드

인표: 결혼하셨나요?
순희: 아니요, 미혼입니다.
　　　당신은 어떤가요?
인표: 전 결혼했습니다.

꽤 잘 아는 미국인의 생일날 케이크를 선물로 준비했다. 초를 몇 개나 꽂아야 할지 몰라서 그녀의 나이를 물었다. 그녀는 미소를 지으며 **Ninety nine**(아흔 아홉)이라고 했다. 그들이 사적인 질문을 얼마나 꺼리는 지를 다시 한번 실감했다.

68

DIALOGUE 2

In-pyo   Are you single?
아   유   씽글

Sun-hee   Yes, I am.
예스   아이 엠

In-pyo   Do you have any brothers and sisters?
두   유   해브   애니   브라더즈   앤   씨스터즈

Sun-hee   No, I'm an only child.
노   아이   먼   오운리   촤일드

인표: 미혼인가요?
순희: 예, 그렇습니다.
인표: 형제자매는 있나요?
순희: 아니요, 저는 독자예요.

 **WORDS** ------------------------------------

· **marry** [mǽri] 결혼하다
· **single** [síŋgəl] 혼자의
· **plan to ~** ~할 계획이다

· **married** [mǽrid] 결혼한
· **be engaged to ~** ~와 약혼하다
· **only child** 독자

69

What's your hobby?

취미가 뭡니까?

취미를 화제로 하는 것은 상대방을 이해하는 데도 도움이 되고 서로의 공통점을 발견할 수도 있는 좋은 기회가 될 것이다.

USEFUL EXPRESSIONS

01 **What are your hobbies?**
와 – 라 유어 하비즈

02 **My hobbies are reading and listening to music.**
마이 하비즈 아 뤼딩 앤 리스닝 투 뮤직

03 **How do you spend your free time?**
하우 두 유 스펜 유어 프리 타임

04 **Do you collect anything?**
두 유 콜렉트 애니띵

05 **What are you interested in?**
와 – 라 유 인터레스티드 인

06 **Do you belong to a club?**
두 유 빌롱 투 어 클럽

07 **I'm a member of a health club.**
아이 머 멤버 오브 어 헬쓰 클럽

08 **What kind of movie do you like best?**
왓 카이– 너브 무비 두 유 라익 베스트

09 **What's your favorite movie star?**
왓츠 유어 훼이버릿 무비 스타

01 취미가 뭐죠?
02 내 취미는 독서와 음악감상입니다.
03 여가시간을 어떻게 보내십니까?
04 뭔가를 수집하십니까?
05 뭐에 관심이 있으시죠?
06 클럽에 속해 있습니까?
07 나는 헬스클럽 회원입니다.
08 어떤 영화를 가장 좋아하십니까?
09 제일 좋아하는 영화배우는
누구죠?

DIALOGUE 1

Heung-guk **What's your hobby?**
왓츠   유어   하비

Judy **I like sports very much.**
아이 라익 스포츠   베리   머치

Heung-guk **What kind of sports do you like best?**
왓   카이- 너브 스뽀츠 두   유   라익 베스트

Judy **I like soccer best.**
아이 라익 싸커   베스트

흥국: 취미가 뭐죠?
쥬디: 운동을 매우 좋아합니다.
흥국: 어떤 운동을 가장 좋아하시죠?
쥬디: 축구를 가장 좋아합니다.

 꼬꼬댁 꼬꼬!

영어에서의 **hobby**는 '여가시간에 무얼 하느냐'는 의미보다는 동전, 우표 수집, 자동차 조립 등의 특정한 취미활동에 대해 묻고 있는 것이다. 일반적으로 **hobby**를 묻는 것보다 **What do you do in your spare time?**(여가시간에 뭘 하세요?)하는 게 더 반응이 좋다.

DIALOGUE 2

Judy
What do you do in your free time?
왓 　 두 　 유 　 두 　 이-뉴어 　 프리 　 타임

Heung-guk
I often listen to music.
아이 오픈 　 리슨 　 투 뮤직

Judy
What kind of music do you like?
왓 　 카이 　 너브 뮤직 　 두 　 유 　 라익

Heung-guk
I like classical music.
아이 라익 클래시컬 　 뮤직

쥬디: 여가시간에 뭘 하시죠?
흥국: 종종 음악을 듣습니다.
쥬디: 무슨 음악을 좋아하시죠?
흥국: 고전 음악을 좋아합니다.

 **WORDS**

- **hobby** [hɑbi] 취미
- **listening to music** 음악감상
- **free** [fri:] 자유로운
- **member** [mémbər] 회원, 구성원
- **favorite** [féivərit] 마음에 드는, 애총하는
- **reading** [rí:diŋ] 독서
- **spend** [spend] 보내다, 소비하다
- **collect** [kəlékt] 모으다
- **movie** [mú:vi] 영화

73

Do you have the time?

몇 시입니까?

시간을 문의할 때는 상대방에게 불쑥 물어볼 것이 아니라 '실례합니다 (Excuse me)'란 말을 한 후에 문의하는 것이 예의바른 태도이다. Do you have time?은 '시간이 있습니까?' 라는 뜻이므로 주의를 요한다.

USEFUL EXPRESSIONS

01 **What time is it?**
왓　　　타임　이즈 잇

02 **What's the time?**
왓츠　　　더　　타임

03 **Do you know the time?**
두　유　노우　　더　　타임

04 **What time do you have?**
왓　　　타임　두　유　해브

05 **It's 5 past 7.**
잇츠 화이브 패스트 쎄븐

06 **It's seven ten.**
잇츠 쎄븐　　　텐

07 **It's five to eight.**
잇츠 화이브 투 에잇

08 **My watch is five minutes fast (slow).**
마이 워치　　이즈 화이브 미니츠　　　패스트 (슬로우)

09 **What day is it today?**
왓　　데이 이즈 잇 투데이

10 **What's the date?**
왓츠　　더　데잇

11 **What month is it?**
왓　　먼스　　이즈 잇

01 몇 시입니까?
02 몇 시죠?
03 몇 시죠?
04 몇 시예요?
05 7시 5분입니다.
06 7시 10분입니다.

07 8시 5분 전입니다.
08 내 시계는 5분 빠릅니다(느립니다).
09 오늘 무슨 요일이지요?
10 며칠입니까?
11 몇 월이죠?

75

DIALOGUE 1

Jane **What time is it, Tom?**
왓 타임 이즈 잇 탐

Tom **It's 5:10.**
잇츠 화이브 텐

Jane **Today is Friday, isn't it?**
투데이 이즈 프라이데이 이즈 – 닛

Tom **You're right.**
유어 롸잇

제인: 탐, 몇 시지?
탐: 5시 10분이야.
제인: 오늘 금요일 맞지?
탐: 맞아.

한 유학생에게 험상궂게 생긴 흑인이 와서 **"Do you have the time?"**이라고 했다.
여학생은 당황하여 **"No!"**라고 퉁명스럽게 쏘아 붙였다.
"Do you have time to talk with me?"(나와 얘기할 시간 있어요?)로 잘못 알아
들었던 것이다.

76

Tom **What's the date, today?**
왓츠   더   데잇   투데이

Jane **It's March 3.**
잇츠   마치   써드

탐 : 오늘 며칠이지?
제인: 3월 3일이야.

보충 학습

· **Monday** 월요일
· **Tuesday** 화요일
· **Wednesday** 수요일
· **Thursday** 목요일
· **Friday** 금요일
· **Saturday** 토요일
· **Sunday** 일요일

WORDS

· **What** [hwɑt] 무엇
· **past** [pæst] ~이 지난
· **slow** [slou] 느린
· **date** [deit] 날짜
· **right** [rait] 옳은, 맞은

· **time** [taim] 시간
· **fast** [fæst] 빠른
· **today** [tədéi] 오늘
· **month** [mʌnθ] 달, 월

77

It's cloudy, today.

오늘 날씨가 흐리다.

날씨에 관한 대화는 외국인과의 이야기 감으로 매우 좋다. 서로 상대방 나라의 기후(climate)나 날씨(weather)에 대하여 관심이 많을 것이므로 흥미로운 대화가 될 것이다. 더구나 상대방 나라에 대한 유익한 정보도 얻게 될 것이다.

USEFUL EXPRESSIONS

01 How's the weather today?
하우즈   더   웨더   투데이

02 It's fine.
잇츠   화인

03 What's the forecast for today?
왓츠   더   훠어캐스트   휘   투데이

04 It's windy.
잇츠   윈디

05 It's raining.
잇츠   레이닝

06 It's hot.
잇츠   핫

07 It's humid.
잇츠   휴미드

08 It's chilly.
잇츠   췰리

09 It's cold.
잇츠   코올드

10 It looks like snow.
잇 룩스   라익   스노우

11 It's snowing.
잇츠   스노우잉

01 오늘 날씨가 어떻습니까?
02 날씨가 화창합니다.
03 오늘의 일기예보에서는
    뭐라고 합니까?
04 바람이 붑니다.
05 비가 내립니다.

06 덥습니다.
07 날이 습합니다.
08 날씨가 쌀쌀합니다.
09 날씨가 춥습니다.
10 눈이 올 것 같습니다.
11 눈이 내리고 있습니다.

79

DIALOGUE 1

Chang-ju **How's the weather today?**
하우즈   더   웨더   투데이

Eun-mi **It's cloudy.**
잇츠   클라우디

It's going to rain.
잇츠   고우잉   투   레인

창주: 오늘 날씨가 어때요?
은미: 흐리네요.
　　 비가 올 것 같군요.

미국에서는 7, 8월의 무더운 날을 **dog days**라고 한다. 물론 개를 잡아먹는 날이란 뜻
은 아니다. 영어로는 **Dog star** 또는 **Sirus**라고 불리는 '천광성'이란 별이 7, 8월에
해와 함께 떴다가 지기 때문에 7, 8월 무더운 날을 **dog days**라고 한다.

DIALOGUE 2

Eun-mi	**How's the weather today?**
	하우즈　　　더　　웨더　　　투데이
Chang-ju	**It's fine.**
	잇츠　화인
Eun-mi	**How about going on a picnic?**
	하우　　어바웃　　고우잉　　어-　너　피크닉
Chang-ju	**Great.**
	그레잇

은미 : 오늘 날씨가 어떠니?
창주 : 화창한데.
은미 : 소풍가는 게 어떨까?
창주 : 좋지.

WORDS

- **weather** [wéðər] 날씨
- **cloudy** [kláudi] 흐린
- **rain** [rein] 비, 비가 오다
- **humid** [hjúːmid] 습기 찬
- **forecast** [fɔ́ːrkæst] 예상, 일기예보
- **be going to ~** ~할 것이다, ~할 것 같다
- **snow** [snou] 눈
- **windy** [windi] 바람이 부는
- **hot** [hɑt] 더운
- **chilly** [tʃíli] 쌀쌀한
- **look like ~** ~처럼 보이다
- **go on a picnic** 소풍가다

81

Track **18**

Unit 18

Congratulations on your promotion!

승진을 축하드립니다.

생일, 새해, 축제일, 성공 등을 축하할 때 사용하는 표현이다. Congratulations on을 써서 다양한 축하의 내용을 표현할 수 있다. 건배나 축배를 드는 경우에는 cheers나 toast 등을 주로 사용한다.

USEFUL EXPRESSIONS

01 **Congratulations!**
컨그래츌레이션즈

02 **Congratulations on your graduation.**
컨그래츌레이션즈   어- 뉴어   그래쥬에이션

03 **Congratulations on your new baby.**
컨그래츌레이션즈   어 - 뉴어   뉴   베이비

04 **Happy New Year!**
해피   뉴   이어

05 **Merry Christmas!**
메리   크리스머스

06 **Happy birthday.**
해피   벌스데이

07 **Cheers!**
취어스

08 **Bravo!**
브라보

09 **Toast!**
토우스트

10 **To our health!**
투   아우어 헬쓰

01 축하합니다!   06 생일을 축하합니다.
02 당신의 졸업을 축하드립니다.   07 건배!
03 아기의 탄생을 축하드립니다.   08 건배!
04 새해 복 많이 받으세요.   09 건배!
05 메리 크리스마스.   10 우리의 건강을 위하여!

DIALOGUE 1

Kwang-su   Happy birthday to you!
해피   벌스데이   투 유

This is my present for you.
디즈   이즈 마이   프레즌트   휘 유

Jun   Thank you so much.
땡 –   큐   쏘   머치

광수: 생일 축하해!
       이건 내 선물이야.
준: 고마워.

한국인들은 '축하한다'는 표현에 **congratulations**를 남발하는 경향이다. 영미인들은 특별히 자기의 노력이나 정성을 통해 얻어진 좋은 결과가 아니면 **congratulations**를 사용하지 않고, 각 경우에 어울리는 표현을 쓴다. 예를 들면 **"Happy birthday.",** **"Merry Christmas!"**

DIALOGUE 2

Jun — **Congratulations on your promotion!**
컨그래츌레이션즈   어- 뉴어   프러모우션

Kwang-su — **Thank you.**
땡-   큐

Jun — **Let's go for a drink.**
렛츠   고우 훠- 러 드링크

Kwang-su — **That sounds great.**
댓   싸운즈   그레잇

준: 승진을 축하해!
광수: 고마워.
준: 한 잔 하러 가자.
광수: 좋지.

✏️ WORDS

- **graduation** [grǽdʒuéiʃən] 졸업
- **birthday** [bə́:rθdèi] 생일
- **drink** [driŋk] 음료, 술
- **sound** [saund] ~으로 들리다, 생각되다
- **promotion** [prəmóuʃən] 승진
- **present** [prézənt] 선물
- **congratulation** [kəngrǽtʃəléiʃən] 축하, 경하

85

Unit 19

I'd like to invite you to my house.

당신을 우리 집에 초대하고 싶습니다.

상대방을 집으로 초대할 때나 밖에서 만나려고 할 때는 모임의 목적과 시간 등을 미리 알려주고 시간이 있는지를 확인하는 것이 좋다. 모임의 성격에 따라 오는 사람들은 복장이나 선물 등을 준비하는 데 도움이 된다.

USEFUL EXPRESSIONS

01 **I'd like to invite you to my house.**
아이드 라익 투 인바이- 츄 투 마이 하우스

02 **Sure. I'll be glad to come.**
슈어 아일 비 글래- 투 컴

03 **Can you come to dinner at our house**
캐 - 뉴 컴 투 디너 애 다우어 하우스
tomorrow night?
터마로우 나잇

04 **I'm sorry I can't come.**
아임 쏘리 아이 캔트 컴

05 **I'm sure I can come.**
아임 슈어 아이 캔 컴

06 **I'm afraid I'll be busy.**
아임 어프레이드 아일 비 비지

07 **Thank you for inviting me.**
땡 - 큐 휘 인바이딩 미

08 **Am I expected to dress up?**
에 마이 익스펙티드 투 드레스 업

09 **It's a housewarming party.**
잇츠 어 하우스워밍 파리

10 **It's a birthday party.**
잇츠 어 벌스데이 파리

01 당신을 저의 집으로 초대하고
   싶습니다.
02 그럼요. 기꺼이 찾아 뵙겠습니다.
03 내일 밤 우리 집에 식사하러
   오실 수 있겠어요?
04 미안합니다만 갈 수가 없습니다.

05 갈 수 있습니다.
06 바쁠 것 같은데요.
07 초대해 주셔서 감사합니다.
08 정장하고 가야 할까요?
09 그건 집들이입니다.
10 그건 생일파티입니다.

DIALOGUE 1

Kwang-su I'm having a housewarming
아임 해빙   어 하우스워밍

party on Saturday.
파리   언   쌔러데이

Would you like to come?
우 -   쥬   라익 터   컴

Mi-jeong Sure. I can come.
슈어   아이 캔   컴

광수: 토요일 날 집들이 하려고 해요.
      오시겠어요?
미정: 그럼요. 갈 수 있어요.

한국 가정에 식사 초대를 받은 외국인이
"What do you eat in Korea?"(한국에서는 무얼 먹죠?)라고 물었다. 한국인은
"We eat steamed lice."라고 대답했다.
여기서 **lice**는 louse의 복수형태로 몸에 생기는 '이'를 뜻한다. 결국 '이를 잡아
쪄서 먹는다'는 대답이 된 것이다.

DIALOGUE 2

Mi-jeong I'd like to invite you to my home
아이드 라익 투 인바이 츄 터 마이 홈
for dinner.
훠 디너

Kwang-su Thank you.
땡 – 큐

미정: 저희 집 저녁 식사에 초대하고 싶어요.
광수: 고맙습니다.

✎ WORDS

· invite [inváit] 초대하다   · dress up 차려입다, 정장하다
· housewarming party 집들이   · would like to + 동사원형 ~하고 싶다

89

Please come in.

어서 들어오세요.

미국에서 상대방의 집을 방문할 때는 집 앞에 있는 번지로 집을 찾는다.
주소만 가지고도 집을 쉽게 찾을 수 있을 정도로 거리나 집의 번지를 잘
표시해 놓았다. 주소와 전화번호를 미리 준비하면 집을 찾는데 큰 어려움
이 없을 것이다.

USEFUL EXPRESSIONS

01 **Thank you for inviting me.**
땡 – 큐 휘 인바이딩 미

02 **Welcome to my house.**
웰컴 투 마이 하우스

03 **Make yourself at home.**
메익 큐어셀프 앳 홈

04 **You have a very nice home.**
유 해브 어 베리 나이스 홈

05 **Did you have any trouble finding our house?**
디 쥬 해브 애니 츠러블 화인딩 아우어 하우스

06 **It's my pleasure to have you.**
이츠 마이 플레져 투 해– 뷰

07 **Please leave your shoes here.**
플리즈 리브 유어 슈즈 히어

08 **May I take your coat?**
메 아이 테이– 큐어 콧트

09 **Won't you come into the parlo(u)r?**
워운 – 츄 컴 인투 더 팔러

10 **Shall I show you around my house?**
쉘 아이 쇼우 유 어라운(드) 마이 하우스

01 우리를 초대해 주셔서 감사합니다.
02 저희 집에 오신 것을 환영합니다.
03 마음 편히 하세요.
04 집이 참 멋지군요.
05 우리 집 찾는데 어려움이 없으셨나요?

06 당신을 모시게 되어 기쁩니다.
07 여기에 구두를 놓아주세요.
08 코트를 받아드릴까요?
09 응접실로 들어오시지요.
10 저희 집 구경을 시켜드릴까요?

DIALOGUE 1

Kwang-su **Welcome to my house.**
웰컴　　　투　마이　하우스

I'm glad you could come.
아임　글랫　유　쿠드　컴

Mi-jeong **Thank you for inviting me.**
땡 –　　큐　　휘　　인바이딩　　미

광수: 저희 집에 오신 것을 환영합니다.
　　 와 주셔서 기쁩니다.
미정: 초대해 주셔서 고맙습니다.

장모음과 단모음을 구별하지 않고 사용하면 큰 오해를 부를 수 있다. 예를 들어 "제가 케이크 한 조각을 먹어도 될까요?"란 말을 **"Do you mind if I take a piece?"**라고 할 때, **piece**를 [pis]라고 짧게 발음하면 엉뚱하게 **piss**(소변)으로 오해될 수 있다. 즉 "제가 오줌누어도 되겠습니까?"의 말이 되어 이상한 사람 취급을 받을 수도 있다.

Mi-jeong **Come on in, please.**
컴- 머- 닌 플리즈

Won't you come into the parlor?
워운- 츄 커- 민투 더 팔러

Kwang-su **Thank you.**
땡- 큐

미정: 어서 들어오세요.
　　 응접실로 들어오시겠어요?

광수: 고맙습니다.

보충 학습

· **Make yourself at home.**
  마음 편히 하세요.
· **This way, please.**
  이쪽으로 오세요.
· **Please follow me.**
  저를 따라 오세요.

WORDS

· **invite**[inváit] 초대하다
· **trouble**[trʌ́bəl] 어려움, 고충
· **pleasure**[pléʒər] 기쁨
· **parlor**[pɑ:rlər] 응접실

· **welcome**[wélkəm] 환영하다
· **find**[faind] 찾다
· **shoes**[ʃuːz] 구두

93

Please help yourself.

마음껏 드세요.

우리의 전통적인 식습관과는 달리, 서양사람들은 즐겁게 대화하며 식사를 한다. 먹고 싶은 음식이 멀리 떨어져 있을 때는 팔을 뻗지 말고 가까이 있는 사람에게 그릇을 건네줄 것을 부탁한다. 음식을 먹을 때나 그릇을 다룰 때는 소리내지 않도록 주의를 하는 게 좋다.

USEFUL EXPRESSIONS

01 Please help yourself to the cake.
플리즈 헬퓨 – 어셀프   투 더 케익

02 What would you like to eat?
왓   우 – 쥬 라익 투 잇

03 Please pass me the salt.
플리즈 패스 미 더   썰트

04 This is delicious.
디스   이즈 딜리셔스

05 It smells good.
잇 스멜즈   굿

06 It looks delicious.
잇 룩스   딜리셔스

07 May I have some more water?
메이 아이 해브 썸   모어   워러

08 What would you like to drink?
왓   우 – 쥬 라익 투 드링크

09 A glass of milk, please.
어 글래 써브 밀크 플리즈

10 You must come again.
유   머스트 컴   어겐

11 No, thank you. I'm full.
노   땡 – 큐   아임 풀

01 케이크를 마음껏 드세요.
02 뭘 드시겠습니까?
03 소금 좀 건네주세요.
04 이거 맛있군요.
05 그거 냄새가 좋군요.
06 그거 맛있게 보이네요.

07 물 좀 더 주시겠어요?
08 뭘 마시겠어요?
09 우유 한 잔 주세요.
10 또 오세요.
11 아닙니다. 배가 부릅니다.

DIALOGUE 1

Father What kind of cereal would you like?
왓　카이　너브 씨어리얼　우 -　쥬　라익

Guest Oatmeal, please.
오웃미일　플리즈

Mother How about you, Tom?
하우　어바우 -　츄　탐

Tom Corn flakes, please.
콘　플레익스　플리즈

아버지: 어떤 시리얼(곡물)을 원하시죠?
손님: 오트밀로 주세요.
어머니: 탐, 너는 뭘 원하니?
탐: 콘플레이크로 주세요.

한국인들은 **dinner**와 **supper**의 차이를 잘 모르고 사용하는 경향이 있다. 바쁘게 지내다가 식사시간을 건너뛰었다가 배가 고파서(흔히 저녁 늦게) 찾아먹는 저녁을 **supper**라고 하고, 매일 일정한 시간에 하는 저녁식사는 **dinner**라고 한다.

DIALOGUE 2

Mother **Dinner is ready.**
디너   이즈 뤠디

Shall we start?
쉘   위   스따트

Guest **Steak smells good.**
스떼익   스멜즈   굳

Mother **Please help yourself.**
플리즈   헬퓨 – 어셀프

어머니: 정찬이 준비 됐어요.
　　　　식사할까요?
손님: 스테이크 냄새가 좋으네요.
어머니: 마음껏 드세요.

WORDS

· **pass**[pæs] 건네다
· **delicious**[dilíʃəs] 맛있는
· **look**[luk] 보다, 보이다
· **milk**[milk] 우유
· **dinner**[dínər] 정찬. 낮 또는 저녁에 드는 하루 중의 주요한 식사로 보통 저녁식사.

· **salt**[sɔːlt] 소금
· **smell**[smel] 냄새, 냄새가 나다
· **water**[wɔ́ːtər] 물

Unit 22

Would you like a cup of coffee?

커피 한 잔 드시겠어요?

손님을 맞이할 때 차나 다과를 대접하는 일은 매우 일반적이다. 따라서 그에 관한 표현을 익히는 것은 중요하다. 한 가지 유념할 점은 외국인들은 우리와 달리 커피를 매우 묽게, 양은 다소 많이 먹는다는 것이다.

USEFUL EXPRESSIONS

01 Do you want coffee?
두 유 원 커피

02 Shall I make some coffee?
쉘 아이 메익 썸 커피

03 Do you take sugar or cream in your coffee?
두 유 테익 슈거 오어 크림 인 유어 커피

04 Do you want some sugar?
두 유 원 썸 슈거

05 One and a half teaspoon, please.
완 앤 어 해프 티스푼 플리즈

06 Would you like something to drink?
우- 쥬 라익 썸띵 투 드링크

07 No, thank you.
노 땡- 큐

08 Would you like some more?
우- 쥬 라익 썸 모어

09 Would you like some cookies?
우- 쥬 라익 썸 쿠키즈

10 That's enough for me.
댓츠 이너프 훠 미

01 커피 마실래요?
02 커피 좀 타 줄까요?
03 커피에 설탕이나 크림을 넣으세요?
04 설탕을 좀 넣을까요?
05 한 숟가락 반 넣어 주세요.
06 마실 것 좀 드시겠어요?
07 아니요. 괜찮습니다.
08 좀 더 드시겠어요?
09 과자 좀 드시겠어요?
10 저는 그만하면 됐어요.

DIALOGUE 1

In-ho **Would you like a cup of coffee?**
우 - 쥬 라익 어 커- 버브 커피

Judy **Yes, thank you.**
예스 땡 - 큐

In-ho **Do you take sugar or cream?**
두 유 테익 슈거 오어 크림

Judy **One spoonful of sugar without**
원 스푼풀 러브 슈거 위다웃
cream, please.
크림 플리즈

인호 : 커피 한 잔 드시겠어요?
쥬디 : 예, 고맙습니다.
인호 : 설탕이나 크림을 넣으세요?
쥬디 : 크림은 필요 없고, 설탕 한 숟가락만 넣어주세요.

커피를 마실 때 흔히 쓰는 말로 '프림'이 있다. 외국에서 이 말을 썼을 때 외국인은
"I beg your pardon?"(다시 한 번 말씀해 주시겠어요?)하며 이해를 못했다고 한
다. '프림'의 바른 표현은 **cream**(크림)이다.

100

DIALOGUE 2

Jin-sil **Shall I make some coffee?**
쉘 　 아이 메익 　 썸 　 커피

In-su **Yes, please.**
예스 　 플리즈

Jin-sil **And how about some cookies?**
앤 　 하우 　 어바웃 　 썸 　 쿠키즈

In-su **Sounds great.**
싸운즈 　 그레잇

진실: 커피 좀 타 줄까?
인수: 그래.
진실: 그리고 과자도 좀 줄까?
인수: 좋지.

 WORDS ----------------------------------

· sugar[ʃúgər] 설탕
· make coffee 커피를 끓이다
· I'm full, thank you. 배가 부릅니다.
· That's enough. 그만하면 됐어요.(더 이상 안 먹겠다는 뜻)

· without[wiðàut] ~없이
· How about ~ ? ~하는 게 어때?

101

Have you ever tried Korean food?

한국 음식 먹어본 적 있으세요?

낯선 외국음식을 먹어보는 것도 흥미 있는 일이지만 우리나라 음식을 외국인에게 소개하는 것도 여러 가지 측면에서 의미 있는 일이 될 것이다.

USEFUL EXPRESSIONS

01 **Have you ever tried Korean dishes?**
해브 유 에버 츠라이드 코리언 디쉬즈

02 **How about having some typical Korean food?**
하우 어바웃 해빙 썸 티피컬 코리언 푸드

03 **Bulgogi is one of the typical Korean dishes.**
불고기 이즈 워- 너브 더 티피컬 코리언 디쉬즈

04 **What have you tried?**
왓 해브 유 츠라이드

05 **How did you like it?**
하우 디- 쥬 라이- 킷

06 **We Koreans like to eat fruit for dessert.**
위 코리언즈 라익 투 잇 프룻 훠 디저트

07 **He is very fond of Korean food.**
히 이즈 베리 펀- 더브 코리언 푸드

08 **They serve excellent Korean food.**
데이 써브 엑썰런트 코리언 푸드

09 **It smells good.**
잇 스멜즈 굳

01 한국요리를 먹어본 적이 있나요?
02 전형적인 한국음식을 먹어보는 게 어때요?
03 불고기는 전형적인 한국요리 중의 하나입니다.
04 뭘 먹어보셨나요?
05 맛이 어떠했습니까?
06 우리 한국인들은 후식으로 과일 먹는 걸 좋아합니다.
07 그는 한국음식을 매우 좋아합니다.
08 그곳의 한국음식은 맛이 뛰어납니다.
09 그거 냄새가 좋군요.

DIALOGUE 1

In-su Have you ever tried Korean dishes?
해브 유 에버 츠라이드 코리언 디쉬즈

Jane Yes, I have.
예스 아이 해브

In-su What have you tried?
왓 해브 유 츠라이드

Jane I've had Bulgogi.
아이브 해드 불고기

인수: 한국요리를 먹어본 적 있어요?
제인: 예, 먹어봤어요.
인수: 뭘 먹어봤죠?
제인: 불고기를 먹어봤어요.

영국인 선생님이 학생들에게 **"What is the diet of a typical Korean family?"**(전형적인 한국 가정의 일상 음식은 무엇입니까?)라고 질문을 했다. 학생은 제각기 **milk, juice**라고 설명했다. 선생님은 의아해 하셨다. **diet**는 체중 조절용 식사뿐만 아니라 '주로 먹고 마시는 음식'이라는 뜻이 있음을 알았다.

DIALOGUE 2

Sun-hee How about having some typical
하우   어바웃   해빙   썸   티피컬

Korean food?
코리언   푸드

Michael That sounds good.
댓   싸운즈   굿

What kind of food do you suggest?
왓   카인-   더브 풋   두   유   써제슷(트)

Sun-hee How about going to a Chongol restaurant?
하우   어바웃   고잉   투   어   전골   레스또란(트)

Michael I'm really excited.
아임   리얼리   익싸이팃

순희 : 전형적인 한국음식을 먹는 게 어때요?
마이클 : 그거 좋군요. 어떤 음식을 먹자는 거죠?
순희 : 전골 음식점으로 가는 게 어때요?
마이클 : 정말 흥분이 되네요.

 WORDS

- **dish** [diʃ] 접시, 요리
- **food** [fuːd] 음식
- **fruit** [fruːt] 과일
- **try** [trai] 시도하다, 노력하다
- **suggest** [səgdʒést] 제안하다
- **typical** [típikəl] 전형적인
- **dessert** [dizə́ːrt] 후식
- **excellent** [éksələnt] 뛰어난
- **smell** [smel] 냄새가 나다
- **be fond of** ~을 좋아하다

105

Unit **24**

This coffee is on me.

이 커피는 제가 사겠어요.

우리는 어느 한 사람이 식사 값을 내려고 애를 쓰지만 외국인들은 식사 값을 각자 지불하는 것이 관례다. 음식점에서 열리는 생일파티에 초대해 놓고도 음식값을 각자 내게 하는 경우도 흔히 볼 수 있다.

USEFUL EXPRESSIONS

01 **Would you like a cup of coffee?**
우 - 쥬 라익 어 커- 버브 커피

02 **Would you like to have dinner with me?**
우 - 쥬 라익 투 해브 디너 위드 미

03 **Are you buying lunch today?**
아 유 바잉 런치 투데이

04 **Let's go dutch.**
렛츠 고우 더치

05 **Dinner is on me.**
디너 이즈 언 미

06 **It's on me.**
잇츠 언 미

07 **Drinks are on me.**
드링스 아 언 미

08 **Next time I'll treat.**
넥스 타임 아일 츠릿

09 **Let me treat you this time.**
렛 미 트뤼- 유 디스 타임

10 **Do you have enough change?**
두 유 해브 이너프 체인쥐

11 **Don't worry about it.**
돈 워리 어바우- 릿

01 커피 한 잔 하시겠어요?
02 나와 함께 저녁식사 하시겠어요?
03 오늘은 당신이 점심 사는 거요?
04 각자 냅시다.
05 저녁은 제가 사지요.
06 제가 살게요.

07 술은 제가 사죠.
08 다음엔 내가 살게요.
09 이번엔 내가 살게요.
10 잔돈 충분히 있어요?
11 그건 걱정 마세요.

DIALOGUE 1

Jun-cheol   Would you like a cup of coffee?
우 - 쥬 라익 어 커- 버브 커피

Ha-jeong   Yes. But I don't have enough change.
예스 버- 라이 돈 해브 이너프 체인쥐

Jun-cheol   Never mind.
네버 마인드

Let me treat you this time.
렛 미 트뤼- 유 디스 타임

준철: 커피 한 잔 하시겠어요?
하정: 예, 하지만 잔돈이 충분히 없네요.
준철: 염려 마세요.
    이번엔 제가 살게요.

꼬꼬댁 꼬꼬!

식당에서 음료를 주문하는데, 배낭 여행 온 한국인들이 차례로 **"I'm coffee.", "I'm coke."**라고 했다. 식당 종업원들은 물론 알아들었지만, 나는 얼굴이 붉어지지 않을 수 없었다.

그들에게 바른 표현을 가르쳐 주었더니, 다음엔 **"Two small cokes, please."**(콜라 작은 걸로 두 잔 주세요.)라고 말했다. 이런 실수는 "난 짜장" 같은 식의 한국인들의 흔한 실수이다.

DIALOGUE 2

Min May I have the bill?
메이   아이 해브   더   빌

Jun-cheol How much is it?
하우   머치   이즈 잇

Min Don't worry about it.
돈   워리   어바우-   릿

This drink is on me.
디스   드링크   이즈 언   미

Jun-cheol Thank you.
땡 -   큐

민: 계산서 좀 주시겠어요?
준철: 얼마죠?
민: 그런 걱정 마세요.
　 이 술은 제가 살게요.
준철: 고맙습니다.

> **보충 학습**
>
> · **Let's go dutch.**
> 각자 부담합시다.
> * dutch pay라는 말은 바른
> 영어표현이 아님.
> · **treat** 한턱내다, 대접하다
> · **on** ~의 부담으로의 뜻으
> 로 쓰임

WORDS

· **change**[tʃeindʒ] 잔돈, 거스름돈
· **worry**[wə́ri] 걱정하다
· **enough**[inʌ́f] 충분한

· **bill**[bil] 계산서, check라고도 함
· **next**[nekst] 다음의

How was your weekend?

주말을 어떻게 보냈어요?

주말엔 대개 일상적인 일로부터 벗어나 휴식을 취하는 시간을 갖는다. 따라서 여가활동이 많은 주말을 화제로 한 대화는 매우 흥미로울 것이다.

USEFUL EXPRESSIONS

01 **What did you do last weekend?**
왓　　　디 - 쥬　　두　　래스트 위켄(드)

02 **I went to a museum.**
아이 웬-　투 어 뮤지엄

03 **I watched a football game.**
아이 워치트　　어 풋볼　　게임

04 **What did you do there?**
왓　　　디 - 쥬　　두 데어

05 **How did you get there?**
하우　디 - 쥬　　겟 데어

06 **I went by bus.**
아이 웬트　바이 버스

07 **Where did you go?**
웨어　　디 - 쥬　　고우

08 **I went to Seoul.**
아이 웬-　터 서울

09 **I went camping with some friends.**
아이 웬트 캠핑　　위드 썸　　프렌즈

10 **That sounds interesting.**
댓　싸운즈　　인터레스팅

01 지난 주말에 뭐 했어요?　　　06 버스를 타고 갔어요.
02 박물관에 갔어요.　　　　　　07 어디엘 갔어요?
03 축구경기를 보았어요.　　　　08 서울에 갔어요.
04 거기서 무엇을 했어요?　　　09 몇몇 친구들과 캠핑을 갔어요.
05 그곳엔 어떻게 갔어요?　　　10 재미있겠는데요.

111

In-ho **How was your weekend?**
하우　워즈　유어　위켄(드)

Judy **Great.**
그렛잇

I went camping with some friends.
아이 웬트　캠핑　위드　썸　프렌즈

In-ho **That sounds interesting.**
댓　싸운즈　인터레스팅

인호: 지난 주말에 어떻게 보냈니?
쥬디: 좋았어.
　　　친구들과 캠핑을 갔어.
인호: 재미있었겠다.

꼬꼬댁 꼬꼬!

한국 학생들은 "친구들과 함께 놀았어요."하는 경우가 흔히 있다. 이때 **"I played with my friends."**는 콩글리쉬라 할 수 있다. **"I met my friends."**나 **"I went out with my friends."**의 표현을 쓰는 게 적절한 표현이다. 성인들의 경우 **play**는 성적인 의미를 갖는다.

DIALOGUE 2

Judy **What did you do last weekend?**
왓　　　디-　쥬　　두　　래스트　위켄(드)

In-ho **I stayed at home watching TV.**
아이 스테이드　애롬(앳홈)　　워칭　　　　티비

How about you?
하우　　어바웃-　유

Judy **I went to Chicago.**
아이 웬 -　터　　시카고우

쥬디: 지난 주말에 뭐 했니?
인호: TV보면서 집에 있었어.
　　　너는 뭐 했니?
쥬디: 나는 시카고에 갔었어.

> **보충 학습**
>
> · **She went shopping.**
>   그녀는 쇼핑하러 갔어.
> · **I had a good time.**
>   난 즐거운 시간을 보냈어.

WORDS

· **last weekend** 지난 주말
· **watch** [wɑtʃ] 지켜보다
· **stay** [stei] 머무르다
· **museum** [mjuːzíːəm] 박물관
· **football** [fútbɔ̀ːl] 미식 축구

Track 26

Unit 26

What do you do in your free time?

여가 시간에 뭘 하시나요?

우리와는 달리 서양 사람들은 주말에는 생업으로부터 벗어나 휴식을 취하는 경향이 많다. 요즈음 우리도 많은 여가 문화의 발달로 주말을 다양한 취미활동이나 봉사활동, 가족 여행 등으로 보내는 추세이다. 따라서 그들이 여가를 보내는 방법을 익혀보는 것도 바람직한 것이다.

USEFUL EXPRESSIONS

01 **What do you do for relaxation?**
왓 두 유 두 휘 릴렉쎄이션

02 **How do you spend your leisure time?**
하우 두 유 스펜- 듀어 레저 타임

03 **What do you do in your spare time?**
왓 두 유 두 이- 뉴어 스뻬어 타임

04 **I read or listen to music.**
아이 리드 오어 리쓴 투 뮤직

05 **What kind of book do you like?**
왓 카이- 너브 북 두 유 라익

06 **What kind of music do you like?**
왓 카이- 너브 뮤직 두 유 라익

07 **I watch TV and sometimes I go to the movies.**
아이 워치 티비 앤 썸타임즈 아이 고우 투 더 무비즈

08 **I like to read at night.**
아이 라익 투 리드 앳 나잇

09 **I play tennis after school.**
아이 플레이 테니스 애프터 스꿀

01 여가 시간에 뭘 하시나요?
02 여가 시간을 어떻게 보내세요?
03 여가 시간에 뭘 하시죠?
04 독서를 하거나 음악을 듣습니다.
05 어떤 종류의 책을 좋아하세요?

06 어떤 종류의 음악을 좋아하세요?
07 TV를 보거나 때로는 영화를 보러 갑니다.
08 저는 밤에 책읽기를 좋아합니다.
09 저는 방과 후에 테니스를 칩니다.

DIALOGUE 1

In-ho **What do you do in your free time?**
왓   두 유   두 이-뉴어   프리   타임

Judy **I watch TV or listen to music.**
아이 위치   티비 오어 리쓴   투 뮤직

In-ho **What kind of music do you like?**
왓   카이-   너브 뮤직   두   유   라익

Judy **I like pop songs very much.**
아이 라익 팝   송즈   베리   머치

인호: 여가시간에 뭘 하세요?
쥬디: TV를 보거나 음악을 들어요.
인호: 어떤 종류의 음악을 좋아하시죠?
쥬디: 난 팝송을 매우 좋아합니다.

여가시간에 애인과 데이트를 한다면 '애인'의 표현으로 한국인들은 흔히 **lover**를 사용한다. 그런데 **lover**는 사랑하는 사람이 아니라 성적 파트너를 뜻한다. 우리말의 애인은 **boyfriend**나 **girlfriend**라는 표현이 적합하다.

DIALOGUE 2

Eun-mi   **How do you spend your leisure time?**
하우   두   유   스펜   듀어   레저   타임

Chang-ju   **I often watch TV.**
아이 오픈   워치   티비

Eun-mi   **What type of program do you like?**
왓   타이-   버브 프로우그램   두   유   라익

Chang-ju   **I like serial dramas.**
아이 라익   씨어리얼   드라마즈

은미 : 여가 시간을 어떻게 보내시죠?
창주 : 난 자주 TV를 봅니다.
은미 : 어떤 프로그램을 좋아하시죠?
창주 : 난 연속극을 좋아해요.

WORDS

· free [fri:] 자유로운
· relaxation [rìːlækséiʃən] 휴식
· spend [spend] (돈이나 시간을)소비하다, 보내다
· serial [síəriəl] 신문, 잡지의 연재물. 라디오, 텔레비전의 연속물. 연속물인
· a serial novel 연재소설
· leisure [léːʒər] 여가
· often [ɔ́(ː)ftən] 종종

· free time 여가 시간
· spare [spɛər] 여분의

· listen [lísən] 듣다
· type [taip] 유형

117

Unit

27

When will it be free?

언제 시간이 나시겠어요?

만남의 약속을 할 때는 시간과 장소를 분명히 정해야 한다. 조그만 실수
로 인해 만남이 껄끄럽다면 인간관계에 큰 마이너스가 될 것이다. 상대방
의 편의를 배려해서 정하는 것이 바람직할 것이다.

USEFUL EXPRESSIONS

01 When is the most convenient time for you?
웬　이즈 더 모우스트 컨비니언　타임 휘 유

02 What time would be best for you?
왓　타임 우드　비 베스트 휘 유

03 Would you like to have lunch with me?
우 -　쥬 라익 투 해브　런치 위드 미

04 Where do you want to meet?
웨어　두 유　원- 어 미잇

05 Could I see you right now?
쿠 -　다이 씨 유　롸잇 나우

06 Drop in at your convenience.
드라 - 빈 애- 듀어　컨비니언스

07 Shall I come your way?
쇄-　라이 컴　유어　웨이

08 Any time in the evening will be fine.
애니 타임 인 디 이브닝　윌 비 파인

09 How about noon?
하우　어바웃 눈

10 Please call before you come.
플리즈　콜 비포어 유 컴

01 가장 편리한 시간이 언제입니까?
02 몇 시가 가장 좋겠습니까?
03 나와 함께 점심식사를 하시겠어요?
04 어디에서 만나기를 원하세요?
05 지금 당장 당신을 만날 수 있을까요?

06 편리할 때 들리세요.
07 내가 그쪽으로 갈까요?
08 저녁이면 아무 때나 좋겠습니다.
09 정오가 어때요?
10 오기 전에 전화하세요.

DIALOGUE 1

Mr Kim Would you like to have dinner
우 - 쥬 라익 투 해브 디너

with me tonight?
위드 미 투나잇

Miss Sin Fine. What time do you want to meet?
화인 왓 타임 두 유 원- 투 미잇

Mr Kim How about 7:30?
하우 어바웃 쎄븐 써리

Miss Sin OK.
오케이

미스터 김: 오늘밤 나와 함께 저녁 식사 할래요?

미스 신: 좋아요. 몇 시에 만나기를 원해요?

미스터 김: 7시 30분이 어때요?

미스 신: 좋아요.

시간 있을 때 전자오락을 즐기는 경우, 전자오락실은 **electric game-room**이 아니라 **video game-room**이고, 그때 하는 게임은 **video game**이다.

120

DIALOGUE 2

Miss Sin Shall we get together tomorrow?
쉐– 뤄 겟 투게더 투마로우

Mr Kim Fine with me. What time?
화인 위드 미 왓 타임

Miss Sin When is the most convenient time
웬 이즈 더 모우스트 컨비니언 타임

for you?
훠 유

Mr Kim Let's meet at 7.
렛츠 미잇 앳 쎄븐

Miss Sin OK. See you then.
오케이 씨 유 덴

미스 신: 우리 내일 만날까요?
미스터 김: 전 좋아요. 몇 시에요?
미스 신: 가장 편리한 시간이 언제죠?
미스터 김: 7시에 만납시다.
미스 신: 좋아요. 그때 만나요.

WORDS

· convenient [kənvíːnjənt] 편리한
· convenience [kənvíːnjəns] 편리함
· right now 지금 당장

· drop in 잠깐 들르다
· get together 만나다, 모이다

121

Unit **28**

Did you have a nice vacation?

휴가 잘 보내셨어요?

휴가는 언제 어디서나 즐거운 대화의 소재이다. 언제, 어디를, 누구와 다녀왔는지, 그곳은 어떠한지 등을 서로 이야기해 보다 보면 보다 친숙한 관계가 형성된다.

USEFUL EXPRESSIONS

01 **What did you do during the summer vacation?**
왓 디- 쥬 두 뒤링 더 써머 베케이션

02 **When did you take your vacation?**
웬 디- 쥬 테익 유어 베케이션

03 **How did you spend your vacation?**
하우 디 - 쥬 스펜 듀어 베케이션

04 **Where did you spend your vacation?**
웨어 디 - 쥬 스펜 듀어 베케이션

05 **I took a trip to Europe.**
아이 투- 커 츠립 터 유럽

06 **I made a lot of good friends in foreign countries.**
아이 메이- 더 라- 러브 굳 프렌즈 인 퍼린 컨츠리즈

07 **I took my vacation in early August.**
아이 툭 마이 베케이션 이- 너얼리 어거슷(트)

08 **It was really a lot of fun.**
잇 워즈 리얼리 어 라- 러브 펀

09 **How long did you stay?**
하우 롱 디- 쥬 스떼이

10 **We stayed for three days.**
위 스떼이드 훠 쓰리 데이즈

01 여름 휴가동안 뭘 하셨나요?
02 언제 휴가를 가지셨나요?
03 어떻게 휴가를 보내셨나요?
04 어디에서 휴가를 보내셨나요?
05 나는 유럽 여행을 했습니다.

06 나는 외국에서 많은
   좋은 친구들을 사귀었습니다.
07 8월 초에 휴가를 가졌습니다.
08 정말 재미있었습니다.
09 얼마나 오랫동안 머물렀습니까?
10 3일간 묵었습니다.

DIALOGUE 1

Tony Did you have a nice vacation?
디- 쥬 해브 어 나이스 베케이션

Eun-ha Yes, The whole family went
예스 더 호울 패밀리 웬트

camping in Sorak mountain.
캠핑 인 설악 마운틴

Tony That sounds good.
댓 싸운즈 굳

How long did you stay?
하우 롱 디- 쥬 스떼이

Eun-ha For three days.
훠 쓰리 데이즈

토니: 여름 휴가 어떻게 보냈니?
은하: 예, 온 가족이 설악산으로 캠핑을 하러 갔었습니다.
토니: 좋았겠는데요. 며칠이나 머물렀어요?
은하: 3일간요.

미국인에게 '피서간다'는 뜻으로 바캉스를 사용하면 잘 통하지 않는다.
휴가는 **holiday, vacation** 등으로 해야 하며, 피서는 **summering**으로 사용한다.

124

DIALOGUE 2

Eun-ha   **How did you spend your vacation?**
하우   디-   쥬   스펜   듀어   베케이션

Michael   **I took a trip to Canada with my friend.**
아이 투-   커 츠립   터   캐너더   위드   마이   프랜드

Have you ever been there?
해브   유   에버   빈   데어

Eun-ha   **No. But I hear it's very beautiful.**
노우   버-   라이 히어   잇츠   베리   뷰리풀

은하: 여름 휴가 어떻게 보냈니?
마이클: 친구와 함께 캐나다를 여행했어.
　　　넌 그곳에 가본 적 있니?
은하: 아니. 하지만 그곳이 매우 아름답다고 들었어.

 WORDS

· vacation [veikéiʃən] 휴가
· make friends 친구를 사귀다
· fun [fʌn] 재미
· beautiful [bjúːtəfəl] 아름다운

· foreign country 외국
· August [ɔ́ːgəst] 8월
· stay [stei] 머무르다

125

Unit 29

I'm off tomorrow.

저는 내일 근무하지 않습니다.

직장에서 휴가나 질병 등의 이유로 근무를 쉬는 경우가 있다. 그럴 때 우리는 흔히 논다는 표현을 쓴다. 하지만 영어로 말할 때는 논다(play)는 표현을 하면 안된다.

USEFUL EXPRESSIONS

01 **I'll take a day off next week.**
아일 테이- 커 데이 오프 넥스트 윅

02 **Won't your boss mind?**
워운- 츄어 보스 마인드

03 **When are you off?**
웬 아 유 어프

04 **I'm off on Friday.**
아임 오프 언 프라이데이

05 **Are you working on weekend?**
아 유 워킹 언 위켄즈

06 **I have every weekend off.**
아이 해브 에브리 위켄- 더프

07 **Why don't you take a week off?**
와이 돈- 츄 테이- 커 윅 어프

08 **I feel like taking a day off.**
아이 휠 라익 테이킹 어 데이 어프

09 **We have three days off for vacation.**
위 해브 쓰리 데이즈 어프 휘 베케이션

10 **Can I take tomorrow off?**
캐- 나이 테익 투마로우 어프

01 다음 주에 하루 쉴 것이다.
02 너의 보스가 싫어하지 않을까?
03 언제 쉬는 날이니?
04 나는 금요일날 쉰다.
05 주말에도 일하니?

06 나는 주말마다 쉰다.
07 일주일간 쉬지 그러세요?
08 나는 하루 쉬고 싶다.
09 우리는 휴가로 3일 쉽니다.
10 내가 내일 쉴 수 있을까요?

127

DIALOGUE 1

Jung-in **You look pale. Are you ill?**
유 룩 페일 아 유 일

Eun-ha **Yes, I have a bad cold.**
예스 아이 해- 버 배드 코울드

Jung-in **That's too bad.**
댓츠 투 배드

You should take a day off.
유 슈드 테이- 커 데이 어프

Eun-ha **I'm off tomorrow.**
아임 어프 투마로우

정인: 안색이 창백해 보이네요. 몸이 아프세요?
은하: 예, 독감에 걸렸어요.
정인: 안됐군요. 하루 쉬셔야 되겠어요.
은하: 내일 쉬겠습니다.

어떤 유학생이 식당 아르바이트를 하는데 시험으로 하루 쉬고 싶어서 매니저에게 **"May I play tomorrow?"**했더니 매니저는 **"What do you mean?"**(무슨 뜻이에요?)라고 했다. 다시 **"I have a test at school tomorrow."**(내일 학교에서 시험이 있어요.)하니 매니저가 눈치를 채고 **"Do you want to take tomorrow off?"**(내일 쉬고 싶어요?)라고 했다.

DIALOGUE 2

Miss Lee **Can I take tomorrow off?**
캐- 나이 테익 투마로우 어프

Boss **What's the matter?**
왓츠 더 매러

Miss Lee **My father had a traffic accident**
마이 화더 해- 더 트래픽 액씨던트
this morning.
디스 모닝

미스 리: 제가 내일 쉬어도 될까요?
사장님: 무슨 일이 있어요?
미스 리: 아버지께서 오늘 아침에 교통사고를 당하셨습니다.

WORDS

- off [ɔːf] 일, 근무를 쉬고
- boss [bɔ(ː)s] 우두머리, 사장
- traffic accident 교통사고
- pale [peil] 창백한
- cold [kould] 추위, 감기

Unit **30**

You look depressed.

너 우울해 보인다.

우울하거나 낙담했을 때는 혼자 외톨이가 되어 숨어있는 것보다는 누군
가와 대화를 하는 것이 매우 도움이 된다. 미국인들은 우울해지면 얼굴이
길어 보인다고 생각하거나 푸른색을 띤다고 여긴다.

USEFUL EXPRESSIONS

01 **You look down.**
유 룩 다운

02 **I'm depressed.**
아임 디프레스트

03 **I'm disappointed with you.**
아임 디써포인티드 위드 유

04 **How disappointing!**
하우 디써포인팅

05 **Why the long face?**
와이 더 롱 페이스

06 **What's your problem?**
왓츠 유어 프라블럼

07 **Why do you look so worried?**
와이 두 유 룩 쏘 워리드

08 **I've got the blues.**
아이브 갓 더 블루즈

09 **Don't be sad.**
돈 비 새드

10 **Why so down?**
와이 쏘 다운

01 넌 우울해 보인다.
02 난 우울해.
03 난 너에게 실망했어.
04 참 실망스럽군!
05 왜 침울한거니?

06 무슨 문제 있니?
07 왜 걱정스런 표정이니?
08 난 우울해.
09 슬퍼하지 마라.
10 왜 그렇게 기분이 우울하니?

Seung-heon **You look down.**
유   룩   다운

What's the matter with you?
왓츠   더 매러   위드   유

Eui-jeong **I had my money stolen.**
아이 해드 마이   머니   스또울른

승헌: 너 우울해 보인다.
　　　무슨 문제 있니?
의정: 돈을 도난 당했어.

우울할 때는 흥미 있는 것을 생각하는 게 좋다. 지적인 자극을 주거나 생각을 하게 만드는 경우는 **interesting**을 쓰고, 감각적인 자극을 주는 경우, 즉 가슴이 벅차 오르거나 즐거울 때는 **fun**을 주로 사용한다.

　　ex) The lecture was interesting. 그 강의는 재미있었다

DIALOGUE 2

Eui-jeong **What a disappointment!**
워- 러 디써포인먼트

Seung-heon **What's wrong?**
왓츠 롱

Eui-jeong **I failed the exam.**
아이 훼일드 디 이그잼

Seung-heon **Try again.**
츠라이 어겐

의정: 참으로 실망스럽군!
승헌: 무슨 일인데?
의정: 시험에 떨어졌어.
승헌: 다시 시도해 봐.

 WORDS -

· **down** [daun] 우울한, 아래로의
· **disappointed** [dìsəpɔ́intid] 실망한, 낙담한
· **disappointment** [dìsəpɔ́intmənt] 실망
· **fail** [feil] 실패하다
· **try** [trai] 시도하다, 노력하다

· **depressed** [diprést] 우울한
· **steal** [stiːl] 훔치다 (steal-stole-stolen)
· **the blues** 우울
· **exam** [igzǽm] 시험

133

You had better take my advice.

너는 내 충고를 받아 들이는 게 좋겠다.

살다보면 누군가에게 충고를 부탁하거나 충고를 해주는 경우들이 있다.
충고에 관한 말은 대개 '~하는 편이 좋다' 라는 완곡한 표현을 많이 쓴다.
명령하는 말은 상대방에게 거부감을 주기 쉽기 때문이다.

USEFUL EXPRESSIONS

01 **You had better stop smoking.**
유 해드 베러 스탑 스모우킹

02 **You should help your father.**
유 슈드 헬- 퓨어 화더

03 **Can I offer you advice?**
캔 아이 아퍼 유 어드바이스

04 **You ought to take a walk.**
유 어- 터 테이- 커 웍

05 **I advise you to start early.**
아이 어드바이즈 유 터 스타트 어얼리

06 **I suggest you take public transportation.**
아이 써제스- 츄 테익 퍼블릭 트랜스퍼테이션

07 **Study hard, or you'll fail in the examination.**
스떠디 하드 오어 유일 페일 인 디 이그재미네이션

08 **Maybe you should go on a diet.**
메이비 유 슏 고우 언 어 다이엇

---

01 당신은 담배를 끊는 편이
좋겠습니다.

02 당신은 아버지를 도와야만 합니다.

03 내가 충고를 해도 될까요?

04 당신은 산책을 하는 게 좋겠어요.

05 당신이 일찍 떠나기를 권합니다.

06 당신이 대중교통을 이용하기를
제안합니다.

07 열심히 공부해라, 그렇지 않으면
시험에 떨어진다.

08 다이어트를 해야 할 것 같다.

Jenny What's the matter, Jean?
왓츠 더 매러 진

You look worried.
유 룩 워리드

Jean I'm getting very fat.
아임 게딩 베리 햇

Jenny Maybe you should go on a diet.
메이비 유 슈드 고우 어 너 다이엇

제니: 무슨 일이야, 진?
       걱정이 있어 보이네.
진: 몸이 자꾸 뚱뚱해져.
제니: 다이어트를 하는 게 좋을 거 같다.

친한 사람에게 충고나 제안을 할 때 자주 쓰는 **'you'd better…'**는 한국인들이 알고 있는 뜻과는 달리, 경고나 강한 지시의 뜻을 가지고 있어(엄마가 아이에게, 교사가 학생에게) 친한 사람에게 쓰면 상대방의 감정을 해칠 수 있다. 친한 사람에게 충고할 때는 **might, ought to, should** 등을 쓴다.

DIALOGUE 2

Jenny I'm worried about my English.
아임 워리드 어바웃 마이 잉글리쉬

Jean What's the problem?
왓츠 더 프라블럼

Jenny I'm not practicing enough.
아임 낫 프랙티싱 이너프

Jean Why don't you go to Itaewon?
와이 돈- 츄 고우 투 이태원

제니: 내 영어 때문에 걱정이야.
진: 뭐가 문제인데?
제니: 충분히 연습을 못하고 있어.
진: 이태원에 가보지 그래.

 WORDS --

- advice [ædváis] 충고, 권고
- smoke [smouk] 담배 피우다
- take a walk 산책하다
- be worried about ~에 대해 걱정이다
- maybe [méibi:] 아마
- worry [wə́:ri] 걱정하다

- advise [ædváiz] 충고하다
- offer [ɔ́(:) fər] 제안하다
- public transportation 대중교통
- examination [igzæ̀mənéiʃən] 시험
- practice [prǽktis] 연습하다

Unit **32**

It was on the book.

그것은 책 위에 있었다.

사물의 위치에 대한 다양한 표현을 아는 것은 대화하는 데 있어서 매우
편리하다. 정확한 위치를 표현하는 다양한 표현법을 익혀 보자.

USEFUL EXPRESSIONS

01 **The picture is on the wall.**
더   픽처−   리즈 언 더   월

02 **The eraser is in the book.**
디   이레이저   이즈 인 더   북

03 **The large plant is in back of the sofa.**
더   라취   플랜트   이즈 인 배−   거브 더   소우퍼

04 **The cat is sleeping under the table.**
더   캐−   디즈 슬리핑   언더   더   테이블

05 **There is a coffee table in front of the large sofa.**
데어   리즈 어 커피   테이블 인 프런−   터브 더   라취   소우퍼

06 **There is a lamp between sofas.**
데어   리즈 어 램프   비튄   소우퍼즈

07 **My stereo is next to the chest.**
마이   스떼리오   이즈 넥스   터 더   체스트

08 **My TV is on the floor to the left of the desk.**
마이   티비 이즈 언   더   플로어   투 더   레프− 터브 더   데스크

09 **It is to the right of the pen.**
이 디즈 투 더   라이−   더브 더   펜

10 **There is a desk against the left wall.**
데어   이즈 어 데스크   어게인스트   더   레프트 월

---

01 그림은 벽에 붙어 있다.
02 지우개는 책 속에 있다.
03 큰 식물은 소파 뒤에 있다.
04 고양이는 탁자 밑에서 자고 있다.
05 커다란 소파 앞에 티 테이블이 있다.

06 소파들 사이에 램프가 있다.
07 내 스테레오는 서랍장 옆에 있다.
08 내 TV는 책상 왼쪽 방바닥(마루)에 있다.
09 그것은 펜 오른쪽에 있다.
10 왼쪽 벽에 기대있는 책상이 하나 있다.

139

DIALOGUE 1

Father **Could you get that dish for me?**
쿠- 쥬 겟 댓 디쉬 휘 미

Mother **Which one?**
윗치 원

Father **The large one on the table.**
더 라쥐 원 언 더 테이블

Mother **OK.**
오케이

아버지: 나에게 저 접시 좀 가져다 주겠어요?
어머니: 어느 거요?
아버지: 식탁 위에 있는 큰 거요.
어머니: 좋아요.

청바지를 싸게 산 한국인이 외국인에게 자랑을 했더니, 그 외국인은 **"That's a steal!"** 이라고 했다. 남의 물건에 손 한 번 안대본 한국인은 자존심이 상했다. **"No, I didn't steal it. I bought it."** (난 훔치지 않았어. 샀단 말이야.)
외국인의 말뜻이 **"That's a steal!"** (그거 정말 싸게 샀다.)인 것을 오해한 것이다.

DIALOGUE 2

Mother **Could you get that bowl for me?**
쿠- 쥬 겟 댓 보울 훠 미

Father **Where do you want it?**
웨어 두 유 원 잇

Mother **Put it next to the oven.**
푸- 릿 넥스 터 디 오븐

어머니: 나에게 저 주발 좀 가져다
　　　　주겠어요?
아버지: 어디로 가져다 드릴까요?
어머니: 오븐 옆에 놓아주세요.

보충 학습

· **in** ~안에
· **on** ~위에
· **under** ~밑에
· **in front of** ~앞에
· **in back of** ~뒤에
· **to the right of** ~오른쪽에
· **to the left of** ~왼쪽에

 **WORDS**

· **eraser**[iréisər] 지우개
· **cat**[kæt] 고양이
· **coffee table** 재떨이, 음료, 잡지 등을 두는 소파 앞의 낮은 테이블
· **desk**[desk] 책상
· **chest**[tʃest] 서랍장
· **plant**[plænt] 식물
· **sleep**[sliːp] 잠자다
· **wall**[wɔːl] 벽
· **bowl**[boul] 주발

Unit

33

What are you going to do?

넌 뭐 할거니?

미래 계획에 대해 이야기를 나누는 것은 흥미로운 일이다. 누구나 한 번 쯤은 꿈꾸는 핑크빛 미래!! 시제에 대해서 주의하여 대화하는 것이 요망 된다.

USEFUL EXPRESSIONS

01 **What are you going to do after you graduate?**
와– 라 유 고잉 투 두 애프터 유 그래쥬에잇

02 **What are you planning to do this weekend?**
와– 라 유 플래닝 투 두 디스 위크엔

03 **I'm going to go to college.**
아임 고잉 투 고우 투 칼리쥐

04 **I don't know yet.**
아이 돈 노우 옛

05 **What are you doing Friday night?**
와– 라 유 두잉 프라이데이 나잇

06 **I'm thinking of majoring in English Literature.**
아임 띵킹 어브 메이져링 인 잉글리쉬 리터리춰

07 **I'm planning to major in math.**
아임 플래닝 터 메이줘– 린 매쓰

08 **I haven't made up my mind yet.**
아이 해븐 메이– 덥 마이 마인– 뎃

09 **I'd like to go to America.**
아이드 라익 투 고우 투 어메리커

01 너 졸업한 후에 뭐 할거니?
02 너 이번 주말에 뭐 할 계획이니?
03 나 대학에 갈거야.
04 아직 모르겠어.
05 너 금요일 밤에 뭐 할거니?

06 난 영문학을 전공할 생각이야.
07 난 수학을 전공할 계획이야.
08 난 아직 결정하지 못했어.
09 난 미국에 가고 싶어.

DIALOGUE 1

Seung-heon **What are you going to do after**
와― 라 유 고잉 투 두 애프터

you graduate?
유 그래쥬에잇

Eui-jeong **I'm planning to go to college.**
아임 플래닝 투 고우 투 컬리쥐

Seung-heon **Great.**
그레잇

승헌: 너 졸업한 후에 뭐 할거니?
의정: 대학에 갈 계획이야.
승헌: 멋진데.

 꼬꼬댁 꼬꼬!

여가시간에 수영을 즐기는 것은 흔한 일이다. 하지만 한국인이 수영장에서 푸우, 푸우 하면서 수영을 했을 때, 미국인들은 이맛살을 찌푸릴 것이다. 왜냐하면 **poo**라는 단어 가 '똥눈다'는 뜻이기 때문이다.

DIALOGUE 2

Jenny **What are you going to do this summer?**
와— 라 유 고잉 투 두 디스 써머

Jean **I'm going to Europe.**
아임 고잉 투 유럽

Jenny **Oh, really?**
오우 리얼리

What countries are you going to visit?
왓 컨츠리즈 아 유 고잉 투 비짓

Jean **France and Germany.**
프랜스 앤 저머니

제니 : 너 이번 여름에 뭐 할거니?
진 : 유럽에 갈거야.
제니 : 오, 정말? 어떤 나라들을 방문할 건데?
진 : 프랑스와 독일이야.

WORDS

- **graduate** [grǽdʒuèit] 졸업하다
- **literature** [lítərətʃər] 문학
- **college** [kɑlidʒ] 대학, 보통 단과대학을 말함. 종합대학은 university라고 함.
- **major** [méidʒər] 전공
- **math** [mæθ] 수학
- **plan** [plæn] 계획, 계획하다
- **Europe** [júərəp] 유럽
- **France** [fræns] 프랑스
- **Germany** [dʒə́:rməni] 독일

Do you want to get a part-time job?

시간제 일자리를 얻기 원하니?

우리는 시간제 일자리를 흔히 아르바이트라는 말로 표현한다. 아르바이트는 독일어로 '일'이라는 뜻으로 적절한 영어 표현이 아니다.

USEFUL EXPRESSIONS

01 I went through the newspapers.
아이 웬트 쓰루우 더 뉴스페이퍼즈

02 I went through the ads of the magazines.
아이 웬트 쓰루우 디 애즈 어브 더 매거진즈

03 I'm looking for a job.
아임 루킹 훠 러 잡

04 What exactly do you want to do?
왓 이그잭틀리 두 유 원 투 두

05 I'm broke.
아임 브로크

06 I'm unemployed.
아임 어님플로이드

07 Do you have an opening for a typist?
두 유 해브 언 오프닝 훠 러 타이피스트

08 Do you have any experience?
두 유 해브 애니 익스피어리언스

09 We have an opening in the sales department.
위 해브 언 오프닝 인 더 쎄일즈 디파트먼(트)

10 Please come in for an interview.
플리즈 커- 인 훠 런 인터뷰

11 Why do you want to work here?
와이 두 유 원 투 웍 히어

12 Do you have a part-time job?
두 유 해브 어 파트 타임 잡

01 나는 신문들을 훑어봤다.
02 나는 잡지들의 광고들을 훑어봤다.
03 나는 일자리를 찾고 있다.
04 정확히 무슨 일을 하고 싶니?
05 나는 빈털터리다.
06 나는 실업상태다(실업자다).
07 타자수를 위한 일자리가 있습니까?
08 경험이 있습니까?
09 판매부서에는 빈자리가 있습니까?
10 면접을 보러 들어오십시오.
11 왜 여기서 일하기를 원하는 거요?
12 시간제 일을 하고 있습니까?

Clerk **May I help you?**
메이 아이 헬- 퓨

Mi **Yes. I'd like to have a part-time job.**
예스 아이드 라익 터 해- 버 파트 타임 잡

Clerk **What kind of job are you looking for?**
왓 카인 너브잡 아 유 루킹 훠

Mi **I'm looking for a job as a chef.**
아임 루킹 훠 러잡 애 저 쉐프

직원: 도와드릴까요?
미: 예, 시간제 일을 하고 싶습니다.
직원: 어떤 종류의 일을 찾고 있죠?
미: 요리사로서의 일을 찾고 있습니다.

시간제 일을 흔히 아르바이트(arbeit)라 하는데 이는 잘못된 표현이다. 대개 한 고용주
밑에서 주당 30시간 이하로 일하는 거라면 **part-time job**이라고 한다. **full-time**
job(전일제 근무)은 주당 35~40시간씩 일하는 직업이다.

DIALOGUE 2

Employer Come in, please. Be seated here.
컴　　인　플리즈　　비　씨티드　　히어

What exactly do you want to do?
왓　　이그잭틀리　두　유　워-　투　두

Jin-seob I want to be a cashier.
아이 워-　투　비　어 캐쉬어

고용주: 어서 들어오세요. 여기에 앉으시죠.
　　　정확히 무슨 일을 하기 원하시죠?
진섭: 출납원이 되고 싶어요.

WORDS

- **part-time job** 시간제 일
- **newspaper** [njú:spèipər] 신문
- **broke** [brouk] 한푼 없는, 빈털터리의
- **opening** [óupəniŋ] 빈자리, 공석
- **sale** [seil] 판매
- **interview** [íntərvjù:] 면접
- **cashier** [kæʃíər] 출납원

- **full-time job** 전일제 일
- **magazine** [mæ̀gəzí:n] 잡지 사업
- **unemployed** [ʌ̀nimplɔ́id] 실직의
- **experience** [ikspíəriəns] 경험
- **department** [dipɑːrtmənt] 부, 과, 부서
- **chef** [ʃef] 요리사, 주방장
- **exactly** [igzǽktli] 정확히

149

There's something wrong with my washing machine.

세탁기에 뭔가 문제가 생겼습니다.

가전제품이나 싱크대가 고장이 나면 갑자기 불편을 느끼게 된다. 대개 주변 사람의 도움을 구하거나 기술자를 불러 문제를 해결한다.

USEFUL EXPRESSIONS

01 I don't know anything about washing machines.
아이 돈 노우 애니띵 어바웃 워싱 머쉰

02 Do you know anyboby who can help me?
두 유 노우 애니바디 후 캔 헬프 미

03 You should look in the phone book.
유 슈드 룩 인 더 폰 북

04 You'll find somebody who can fix it.
유일 화인드 썸바디 후 캔 휙스 잇

05 There's something wrong with my kitchen sink.
데어즈 썸띵 롱 위드 마이 키친 씽크

06 Can you send a plumber as soon as possible?
캔 유 센- 더 플러머 애즈 순 애즈 파써블

07 Where do you live?
웨어 두 유 리브

08 I can send a plumber tomorrow morning.
아이 캔 쎈- 더 플러머 투마로우 모닝

09 What's the address?
왓츠 디 어드레스

01 나는 세탁기에 대해 아무 것도 몰라.
02 나를 도와줄 수 있는 사람을 아니?
03 전화번호부를 보아야 돼요.
04 그걸 수리할 수 있는 사람을 찾을 겁니다.
05 부엌 싱크대에 문제가 생겼습니다.
06 배관공을 가능한 한 빨리 보내줄 수 있겠어요?
07 어디에 사세요?
08 내일 아침에 배관공을 보낼 수 있습니다.
09 주소가 어떻게 되죠?

DIALOGUE 1

In-su
There's something wrong with
데어즈 　 썸띵 　 　 롱 　 　 위드
my refrigerator.
마이 　 리프리저레이터
Do you know anyone who can help me?
두 　 유 　 노우 　 애니원 　 후 　 캔 　 헬프 　 미

Sang-in Not really.
낫 　 리얼리
Look in the phone book, please.
룩– 　 긴 더 폰 　 북 　 플리즈

인수: 냉장고가 고장났어요.
　　저를 도와줄 수 있는 사람을 아세요?
상인: 정말 몰라요.
　　전화번호부를 보시지요.

한국에서 빨래하는 일은 대개 가정주부의 몫이다. 한번은 어머니의 직업을
housekeeper라고 한 적이 있다. 외국인은 **housewife**가 아니냐고 물어왔다. 나중
에 안 일이지만 **housekeeper**는 대개 가정부의 의미로 쓰이고, **housewife**나
homemaker가 가정주부의 뜻이었다.

152

DIALOGUE 2

Clerk **Quick Plumbing Company.**
퀵　　　플러밍　　　컴퍼니

Can I help you?
캔　　아이 헬-　퓨

Mi-gyung **Yes. There's something wrong**
예스　　데어즈　　썸띵　　　　롱

with my kitchen sink.
위드　　마이　　키친　　　씽크

직원: 퀵 배관 회사입니다. 도와드릴까요?
미경: 예, 부엌 싱크대가 고장났어요.

 **WORDS** --

· wrong [rɔːŋ] 그릇된, 잘못된
· washing machine 세탁기
· fix [fiks] 수리하다
· soon [suːn] 곧, 빨리
· possible [pɑsəbəl] 가능한

· address [ədrés] 주소
· phone book 전화번호부
· plumber [plʌ́mər] 배관공
· as ~ as possible 가능한 한 ~하게

153

36

I want this suit dry-cleaned.

나는 이 양복을 드라이하고 싶습니다.

세탁을 할 때는 옷의 종류에 따라 주의를 해야 한다. 집에서 세탁기를 사용할 수 있는 것이 있고 세탁소에 가져가야 하는 것이 있다. 예를 들면 실크나 순모제품 등은 세탁소를 이용해야 한다.

USEFUL EXPRESSIONS

01 **I'd like to get this stain out.**
아이드 라익 투 겟 디스 스떼인 아웃

02 **It looks like a grease stain.**
잇 룩스 라이-커 그리스 스떼인

03 **I think we can get it out.**
아이 띵크 위 캔 게- 리 라웃

04 **When can I pick it up?**
웬 캐- 나이 피- 키 럽

05 **How much will it be?**
하우 머치 월 잇 비

06 **Here's your claim check.**
히어즈 유어 클레임 첵

07 **Do you think this will shrink if washed?**
두 유 띵크 디스 월 쉬링크 이프 워쉬트

08 **It won't shrink but the color may run.**
잇 워운트 쉬링크 벗 더 컬러 메이 런

09 **You'd better dry-clean it.**
유드 베러 드라이 클리- 닛

10 **Don't put them in together.**
돈 풋 뎀 인 투게더

11 **The dyes will bleed into one another.**
더 다이즈 월 블리드 인터 원 어나더

01 이 얼룩을 빼고 싶습니다.
02 그것은 기름 얼룩 같군요.
03 우리는 그것을 뺄 수 있을 것 같군요.
04 언제 그걸 찾을 수 있을까요?
05 얼마죠?
06 여기에 당신의 옷 찾는 표가 있습니다.

07 이것은 세탁하면 줄어들까요?
08 줄어들지는 않겠지만 물이 빠질 수도 있죠.
09 그것은 드라이 클리닝하는 편이 좋겠어요.
10 그것들을 함께 넣지 마세요.
11 서로 물이 들지요.

Guest	I want this suit dry-cleaned.
	아이 원트 디스 쑤잇 드라이 클린드
Laundryman	Sure.
	슈어
Guest	Could you get this stain out?
	쿠- 쥬 겟 디스 스떼인 아웃
Laundryman	Yes, I think we can get it out.
	예스 아이 띵크 위 캔 게- 리 아웃

손님: 이 양복을 드라이하고 싶은데요.
세탁업자: 그러시죠.
손님: 이 얼룩을 뺄 수 있을까요?
세탁업자: 예, 뺄 수 있을 거 같은데요.

꼬꼬댁 꼬꼬!

세탁소에서 와이셔츠나 바바리 코트란 말이 통하지 않아 당황한 적이 있다. **Y-shirt**는 **dress shirt**라 불리었고, **barberry coat**는 **trench coat**란 표현으로 사용되었다.

Guest
Do you think this will shrink if washed?
두 유 띵크 디스 윌 쉬링크 이프 워쉬트

Laundryman
No, It won't shrink but the color
노우 잇 워운트 쉬링크 벗 더 컬러

may run.
메이 런

Guest
Really? I didn't know that.
리얼리 아이 디든 노우 댓

I'd better dry-clean in.
아이드 베러 드라이 클리- 닛

손님: 세탁을 하면 줄어들지 않을까요?
세탁업자: 아니오, 줄어들지는 않겠지만 물이 빠질 수도 있겠네요.
손님: 정말요? 전 그걸 몰랐는데요.
　　　드라이 클리닝하는 게 좋겠군요.

WORDS

· **suit** [suːt] 양복의 한 벌
· **pick up** 집어가다, 가져가다
· **shrink** [ʃriŋk] 줄어들다
· **bleed** [bliːd] 출혈하다,
　　　　　　　염료나 안료가 번지다
· **laundry** [lɑːndri] 세탁물, 세탁소

· **stain** [stein] 얼룩
· **claim check** 세탁물 찾는 표
· **run** [rʌn] 달리다, (색, 물감 등이) 번지다
· **together** [təgéðər] 함께
· **washing machine** 세탁기
· **cleaner** [klíːnər] 세탁업자, 청소기, 세제

Unit 37

Fill it up with supreme, please.

고급으로 가득 채워 주세요.

미국의 주유소에는 두 종류가 있다. 고객이 직접 기름을 넣는 self-service 주유소와 종업원이 넣어주는 full-service 주유소이다. self-service 주유소에 처음 가게 되면 당황하기 쉬우므로 미리 주유법을 익혀두는 게 편리할 것이다.

USEFUL EXPRESSIONS

01 Fill it (her) up.
휠 리(러) 럽

02 Unleaded, please.
언레디드 플리즈

03 I have to fill it up.
아이 해프 터 휠 잇 럽

04 Is this pump self-service?
이즈 디스 펌프 셀프 써비스

05 Ten dollars, please.
텐 달러즈 플리즈

06 What kind shall I put in?
왓 카인드 쇄- 라이 푸 린(딘)

07 Fill it up with regular.
휠 리 럽 위드 레귤러

08 Check the oil and water, please.
첵 디 오일 앤 워러 플리즈

09 Do you want your oil checked?
두 유 원 츄어 오일 첵트

10 That would be nice.
댓 우드 비 나이스

11 No, That's all right.
노우 댓츠 올 롸잇

01 차에 기름을 가득 채워 주세요.
02 납 성분이 없는 기름으로 넣어주세요.
03 기름을 채워야 되겠습니다.
04 이곳은 본인이 직접 주유하는 곳인가요?
05 10달러 어치 넣어주세요.
06 어떤 종류로 넣어 드릴까요?
07 표준으로 넣어주세요.
08 기름과 물을 점검해 주세요.
09 기름 점검을 원하세요?
10 그렇게 해주시면 좋겠습니다.
11 아닙니다. 괜찮습니다.

159

Peter Five dollars, please.
화이브 달러즈 플리즈

Oiler Do you want me to check your oil
두 유 원- 미 터 첵- 큐어 오일
and water?
앤 워러

Peter Yes, please.
예스 플리즈

Oiler What kind shall I put in?
왓 카인 쉐- 라이 푸 린

Peter Regular, please.
레귤러 플리즈

피터: 5달러 어치 넣어주세요.
주유원: 제가 오일과 물을 점검해 드릴까요?
피터: 예, 그렇게 해 주시죠.
주유원: 어떤 종류로 넣어드릴까요?
피터: 표준으로 넣어주세요.

꼬꼬댁 꼬꼬!

어떤 사람이 '핸들'에 고장이 생긴 것 같아 주유소 정비공에게 **"The handle of my car is broken."**라고 했다. 정비공은 **door handle**를 보고 **"It's not broken."**(고장 안 났어요.)라고 했다. 운전대의 바른 표현은 **handle**이 아니라 **steering wheel**이다.

DIALOGUE 2

Judy **Fill it up with supreme, please.**
휠- 리 럽 위드 수프림 플리즈

Oiler **Do you want your car washed?**
두 유 원- 츄어 카 워시트

Judy **Yes, please.**
예스 플리즈

쥬디: 수프림(고급)으로 가득 채워 주세요.
주유원: 세차를 원하세요?
쥬디: 예, 해 주세요.

보충 학습
· **Fill her up.**
  her는 차를 여성 취급한 것이다.
· **unleaded** 납 성분이 들어 있
  지 않다는 뜻으로 공해 방지를 위
  해 이 기름의 사용이 권장된다.
· **regular**(표준)나 **supreme**
  은 기름의 종류이다.

WORDS

· **fill up** 가득 채우다 · **check** [tʃek] 점검하다

Unit

38

I had a car accident.

나한테 자동차 사고가 있었다.

운전은 항상 조심하는 것이 상책이다. 사고가 나면 당황하기 쉽고 운전자 쌍방이 피해를 입기 마련이다. 운전면허증과 보험카드는 늘 차안에 넣어 두는 것이 사고처리시 유용하다.

USEFUL EXPRESSIONS

01 **I'm a bad driver.**
아임 어 배드 드라이버

02 **I'm very sorry.**
아임 베리 쏘리

03 **Are you all right?**
아 유 올 롸잇

04 **Are you okay?**
아 유 오케이

05 **I didn't see you.**
아이 디든 씨 유

06 **Don't worry.**
돈 워리

07 **Here's my insurance agent's number.**
히어즈 마이 인슈어런스 에이전스 넘버

08 **I buckled up.**
아이 버클- 덥

09 **You have to buckle up.**
유 해프 투 버클- 럽

10 **Don't ever speed!**
돈 에버 스삐드

11 **No one's hurt.**
노 원즈 헐트

01 나는 운전을 험하게 한다.
02 대단히 죄송합니다.
03 괜찮으세요?
04 괜찮으세요?
05 제가 당신을 못 보았습니다.
06 걱정 마세요.

07 여기 제 보험사 직원의
전화번호가 있습니다.
08 나는 안전벨트를 맸다.
09 당신은 안전벨트를 매야만 합니다.
10 결코 과속하지 말라!
11 아무도 안 다쳤다.

DIALOGUE 1

Tom I'm very sorry. Are you all right?
아임 베리 쏘리 아 유 올 롸잇

Jean I'm okay but my hood is dented badly.
아임 오케이 벗 마이 후 디즈 덴티드 배들리

Tom Don't worry. It'll be repaired.
돈 워리 이를(들) 비 리페어드

탐: 대단히 죄송합니다. 몸은 괜찮으세요?
진: 전 괜찮습니다만 제 차 후드가 몹시 찌그러졌네요.
탐: 걱정 마세요. 수리해 드리겠습니다.

우리가 흔히 사용하는 '백미러'는 **rear view mirror**이며, 빵빵 울리는 '클랙슨'은 **horn**이라고 불린다. '밤바'가 아니라 **bumper**이다. 부품들의 명칭이 일본식 발음이 많으니 주의를 요한다.

164

DIALOGUE 2

Policeman　Can I see your driver's license?
　　　　　캔　아이 씨　유어　드라이버즈　라이슨스

Jean　　　Sure. What's the problem, officer?
　　　　　슈어　왓츠　더　프라블럼　아피서

Policeman　You were speeding, sir.
　　　　　유　워　스삐딩　써

Jean　　　I'm very sorry.
　　　　　아임　베리　쏘리

Policeman　Don't ever speed, please.
　　　　　돈　에버　스삐드　플리즈

경찰: 운전면허증 좀 보여주시겠어요?
진: 물론이죠. 뭐가 문제죠, 경찰관님?
경찰: 과속하셨습니다.
진: 대단히 죄송합니다.
경찰: 절대 과속하지 마십시오.

 WORDS

- accident [ǽksidənt] 사고
- buckle [bʌ́kəl] 버클로 채우다
- hurt [həːrt] 다치게 하다
- repair [ripɛ́ər] 수리하다
- problem [prɑbləm] 문제
- insurance agent 보험사 직원
- speed [spiːd] 과속하다
- dent [dent] ~에 찌그러지게 하다
- driver's license 운전면허증

DIALOGUE 1

Jean Could I borrow some eggs?
쿠 - 다이 바로우 써- 메그즈

Neighbor Sure. How many do you need?
슈어 하우 메니 두 유 니드

Jean Just a few.
저스- 터 퓨

Neighbor Here! Take as many as you want.
히어 테익 애즈 매니 애즈 유 원(트)

Jean Thanks.
땡스

진: 달걀 좀 빌려주시겠어요?
이웃사람: 그럼요. 몇 개나 필요하시죠?
진: 두 서너 개요.
이웃사람: 여기 있어요. 원하는 개수만큼 가지세요.
진: 고마워요.

· **borrow**는 이동 가능한 것을 일시적으로 빌린다는 뜻이다.
  ex) Can I borrow your pen?

· **use**는 이동 불가능한 것을 빌린다는 뜻이다.(사용하다)
  ex) Can I use your bathroom?

168

DIALOGUE 2

Sun-hee Could I borrow some sugar?
쿠 –   다이 바로우   썸   슈거

Neighbor Sure. How many do you need?
슈어   하우   메니   두 유   니드

Sun-hee Just a little.
저스– 터 리를

Neighbor Here it is.
히어   리 디즈

순희: 설탕 좀 빌려줄 수 있으세요?
이웃사람: 얼마나 필요하시죠?
순희: 조금만요.
이웃사람: 여기 있어요.

 WORDS

- borrow[bɔ́(:)rou] 빌리다
- egg[eg] 달걀
- sugar[ʃúɡər] 설탕
- little[lítl] 거의 없는(관사 없음)
- lend[lend] 빌려주다
- few[fju:] 거의 없는(관사 없음)
- need[ni:d] 필요로 하다
- want[wɔ(:)nt] 원하다

Can you save my place, please?

제 자리 좀 보아주시겠습니까?

줄을 서서 순번을 기다릴 때 갑자기 긴급한 볼일이 생각나는 경우가 있다. 이럴 때 적절한 표현이 떠오르지 않는다면 무척 당황이 될 것이다. 또한 줄을 선 것인지 아닌지 애매한 사람에게 확인을 요할 때도 적절한 표현이 요구된다.

USEFUL EXPRESSIONS

01 **Are you in line?**
아 유 인 라인

02 **The line starts over there.**
더 라인 스따츠 오버 데어

03 **Could you save my place in line, please?**
쿠- 쥬 쎄이브 마이 플레이스 인 라인 플리즈

04 **I'll be right back.**
아일 비 롸잇 백

05 **Sure. Go ahead.**
슈어 고 어헤드

06 **Yes, of course.**
예스 어브 콜스

07 **Certainly, go ahead.**
써든리 고 어헤드

08 **Yes, but please hurry.**
예스 벗 플리즈 허리

09 **Don't take too long.**
돈 테익 투- 롱

10 **Hurry up!**
허리 업

11 **You have to get in line.**
유 해브 투 게 린(딘) 라인

01 줄을 서신 겁니까?
02 줄은 저쪽에서부터 시작됩니다.
03 줄에서 제 자리 좀 보아주시겠어요?
04 곧 돌아오겠습니다.
05 어서 다녀오세요.
06 예, 물론입니다.
07 예, 어서 다녀오세요.
08 예, 하지만 서두르세요.
09 너무 오래 걸리지 마세요.
10 서두르세요!
11 줄을 서셔야 됩니다.

DIALOGUE 1

Tom Excuse me. Could you save my place?
익스큐즈 미 쿠- 쥬 쎄이브 마이 플레이스

Judy Sure. Go ahead.
슈어 고 어헤드

Tom Thank you. I'll be right back.
땡- 큐 아일 비 롸잇 백

탐: 실례합니다. 제 자리 좀 보아주시겠어요?
쥬디: 물론입니다. 어서 다녀오세요.
탐: 고맙습니다. 곧 돌아오겠습니다.

자기 나라를 지칭할 때, 즉 **Korea**를 **our country** 또는 **my country**라고 하는 건
어색한 표현이다. 이럴 땐 나라 이름을 직접 사용하는 게 좋다.

DIALOGUE 2

Judy **Oh, my God!**
오 마이 갓

Tom **What's the matter?**
왓츠 더 매러

Judy **I'm afraid I've left my purse in my car.**
아임 어프레드 아이브 레프트 마이 펄스 인 마이 카

Can you save my place, please?
캐- 유 쎄이브 마이 플레이스 플리즈

Tom **Yes, but please hurry.**
예스 벗 플리즈 허리

쥬디: 큰일났네.
탐: 무슨 일 있어요?
쥬디: 차에다 제 지갑을 놓고 온 것 같아요.
　　제 자리 좀 보아주시겠어요?
탐: 예, 하지만 서두르세요.

 WORDS -

· **save** [seiv] 보호하다, 구하다
· **line** [lain] 줄
· **hurry** [həːri] 서두르다
· **purse** [pəːrs] 지갑

· **place** [pleis] 장소, 자리
· **of course** 물론입니다
· **take long** 오래 걸리다
· **get in line** 줄을 서다

173

여행영어 회화

PART 2

May I see your boarding pass?

탑승권 좀 보여주시겠습니까?

비행기를 탈 때는 여권(passport)과 탑승권(boarding pass)을 꼭 챙겨야 된다. 탑승권에는 비행기 출발 및 도착 일시와 좌석번호가 적혀 있다. 영어로 복잡하게 적혀 있지만 미리 확인하는 것이 중요하다.

01 **I'd like to reconfirm my flight.**
아이드 라익 투 리컨펌 마이 플라잇

02 **Date and flight number, please.**
데잇 앤 플라잇 넘버 플리이즈

03 **April 4, CP flight number 005.**
에이프럴 펄 씨피 플라잇 넘버 지로지로화이브(더블오화이브)

04 **I'd like to check in.**
아이드 라익 투 체- 킨

05 **A window seat, please.**
어 윈도우 씻 플리즈

06 **Where is my seat?**
웨어 이즈 마이 씻

07 **Would you like a window or aisle seat?**
우- 쥬 라이- 커 윈도우 오어 아일 씻

08 **Where is the duty-free shop?**
웨어 이즈 더 듀리 후리 샵

09 **Here is my ticket and passport.**
히어 리즈 마이 타킷 앤 패스포트

10 **What is the gate number?**
왓- 리즈 더 게잇 넘버

11 **Please fasten your seat belt.**
플리즈 패슨 유어 씻 벨트

01 예약을 재확인하고 싶습니다.
02 날짜와 비행기 번호를 말씀해 주세요.
03 4월 4일 CP 005편입니다.
04 탑승수속을 하려고 합니다.
05 창 쪽 좌석을 주세요.
06 제 좌석은 어디죠?

07 창 쪽 좌석과 통로쪽 좌석 중 어느 쪽을 원하세요?
08 면세점은 어디에 있습니까?
09 여기 비행기표와 여권이 있습니다.
10 탑승구는 몇 번입니까?
11 안전 벨트를 매어 주십시오.

DIALOGUE 1

Stewardess **May I see your boarding pass, please?**
메이 아이 씨 유어 보딩 패쓰 플리즈

Judy **Here it is. Where is my seat?**
히어 리 디스 웨어 이즈 마이 씻

Stewardess **20A is on the left side.**
투웬티에이 이즈 언 더 레프트 싸이드

Judy **Thank you.**
땡- 큐

스튜어디스 : 탑승권 좀 보여주시겠습니까?
쥬디 : 여기 있어요. 제 자리는 어디죠?
스튜어디스 : 좌측에 있는 20A석입니다.
쥬디 : 고맙습니다.

공항 면세점에서 물건을 사고 계산을 하는데 **"You have no small money?"** 라고
말해 왔을 때 당황히 되었었다. 잔돈(고액권이 아닌)이란 단어를 **change**로만 알았기
때문이다.

Stewardess Please fasten your seat belt.
플리즈   패쓴   유어   씻   벨트

In-ho (Fastens the seat belt)
패쓴즈   더   씻   벨트

Is this all right?
이즈 디스   올   롸잇

Stewardess Sure. Please put your bag under
슈어   플리즈   푸–   츄어   백   언더

the seat.
더   씻

스튜어디스 : 좌석 벨트를 매어 주십시오.
인호: (좌석 벨트를 맨다.)
         이렇게 하면 됩니까?
스튜어디스 : 예. 가방은 좌석 밑에 넣어 주세요.

WORDS

· **reconfirm** [rìːkənfə́ːrm] 재확인하다
· **flight number** 항공기 번호
· **duty-free shop** 면세점

· **flight** [flait] 정기 항공편
· **aisle** [ail] 아일, 통로
· **blanket** [blǽŋkit] 모포

179

What's the purpose of your visit?

당신의 방문 목적은 무엇입니까?

비행기가 목적지에 도착하면 입국 절차를 밟게 된다. 그때 방문 목적과
체류기간 등을 질문 받는다. 침착하게 간단히 대답하면 된다. 짐 찾는 것
도 잊지 마시기 바랍니다.

USEFUL EXPRESSIONS

01 **Where is the immigration counter?**
웨어   이즈 디   이미그레이션   카운터

02 **Over there.**
오버   데어

03 **May I see your passport?**
메이   아이 씨   유어   패스포트

04 **Here it is.**
히어   리 디즈

05 **What's the purpose of your visit?**
왓츠   더   퍼포즈   어브 유어   비짓

06 **Sightseeing.**
싸잇씨잉

07 **How long are you going to stay?**
하우   롱   아   유   고잉   투 스떼이

08 **For one week.**
훠   원   윅

09 **Where are you going to stay in New York?**
웨어-   라   유   고잉   투   스떼이 인   뉴   욕

10 **At the Hilton Hotel.**
앳   더   힐튼   호텔

01 입국관리 카운터(입국 심사대)는
   어디에 있습니까?
02 저쪽입니다.
03 여권을 보여주시겠습니까?
04 여기 있습니다.
05 당신의 방문 목적은 무엇입니까?

06 관광입니다.
07 얼마나 오랫동안 체류하실 건가요?
08 일주일입니다.
09 뉴욕 어디에서 머물 겁니까?
10 힐튼 호텔입니다.

DIALOGUE 1

Clerk What's the purpose of your visit?
왓츠 더 퍼포즈 어브 유어 비짓

Se-ri To attend the language program.
투 어텐드 더 랭귀지 프로그램

Clerk How long are you going to stay?
하우 롱 아 유 고잉 투 스떼이

Se-ri For six weeks.
훠 씩스 윅스

직원: 방문 목적이 뭐죠?
세리: 어학연수를 하려고요.
직원: 얼마나 오랫동안 있을 거예요?
세리: 6주간요.

나이를 묻는 표현 방식은 한국 사람들이 영어를 처음 배울 때 가장 기초적으로 익히는 것이지만 실제 대화에 있어서는 **age**라는 단어를 자주 쓴다. 'A: **What is his age?** / B: **His age is fourteen.**'보다는 'A: **How old is he?** / B: **He's fourteen.**'의 표현이 바람직하다.

DIALOGUE 2

Clerk What's your name?
왓츠 유어 네임

Se-ri My name is Se-ri Kim.
마이 네임 이즈 세리 김

Clerk What's the purpose of your visit?
왓츠 더 퍼포즈 어브 유어 비짓

Se-ri Sightseeing.
싸잇씨잉

Clerk How long will you be here?
하우 롱 월 유 비 히어

Se-ri For one week.
훠 원 웍

직원: 직원 이름이 뭐죠?
세리: 제 이름은 김세리입니다.
직원: 당신의 방문 목적은 뭡니까?
세리: 관광입니다.
직원: 얼마나 오랫동안 체류할 거죠?
세리: 1주일이요.

WORDS

· **immigration**[ìməgréiʃən] 이주, 이민, 입국
· **immigration counter** 입국관리카운터
· **purpose**[pə́:rpəs] 목적
· **sightseeing**[sáitsì:iŋ] 관광
· **attend**[əténd] 참석하다
· **language**[lǽŋgwidʒ] 언어
· **stand in line** 줄을 서다
· **week**[wi:k] 주, 7일

183

Unit 03

My suitcase didn't come out.

내 여행가방이 나오지 않았습니다.

짐이 나오지 않을 경우에는 당황하기 쉽다. 마음을 차분히 가라앉히고 'Baggage Claim' 이라고 적힌 수화물 분실 신고서에 가서 신고해야 한다. 가방의 크기, 형태, 색깔 등을 말해야 하고, 항공권에 붙어 있는 'Baggage Claim Tag' 라는 화물보관증을 제시해야 한다. 또한 화물을 반환 받을 자신의 투숙 호텔이나 연락처를 알려야 한다.

USEFUL EXPRESSIONS

01 **My bag is missing.**
마이 백 이즈 미씽

02 **My bag didn't come out.**
마이 백 디든 커- 마웃

03 **Here is my baggage claim tag.**
히어 리즈 마이 배기쥐 끌레임 택

04 **My suitcase is damaged.**
마이 스윗케이스 이즈 대미쥐드

05 **Could I see your baggage tag?**
쿠- 다이 씨 유어 배기쥐 택

06 **Do you have a baggage tag?**
두 유 해브 어 배기쥐 택

07 **What color is your bag?**
왓 컬러 이즈 유어 백

08 **It's white.**
잇츠 와잇

09 **Does your bag have a tag with your name**
더즈 유어 백 해 버 택 위드 유어 네임
and address?
앤 어드레스

10 **I am staying at the Hilton Hotel.**
아이 엠 스떼잉 앳 더 힐튼 호텔

01 제 가방이 없어졌습니다.
02 제 가방이 나오지 않았습니다.
03 여기에 화물보관증이 있습니다.
04 제 가방이 손상되었습니다.
05 짐표를 보여주시겠습니까?
06 짐표를 가지고 있습니까?

07 당신의 가방은 무슨 색입니까?
08 흰색입니다.
09 당신의 가방에는 이름과 주소가
   씌어진 표가 붙어 있습니까?
10 저는 힐튼 호텔에 묵고 있습니다.

Chan-ho I was on UA flight 716,
아이 워즈 언 유에이 플라잇 세븐원씩스

but my bag didn't come out on
벗 마이 백 디든 커- 마웃 온

the conveyer belt.
더 컨베이어 벨트

Clerk Could I see your baggage tag?
쿠- 다이 씨 유어 배기쥐 택

Chan-ho Wait a moment. Here it is.
웨이 러 모우먼트 히어 리 디즈

찬호 : 저는 유나이티드 항공 716편을 탔습니다만,
가방이 콘베이어 벨트에서 나오질 않았습니다.

직원 : 수하물표(짐표)를 보여주시겠습니까?

찬호 : 잠깐만요. 여기 있습니다.

꼬꼬댁 꼬꼬!

수화물 또는 짐이라는 뜻의 **luggage**는 셀 수 있는 명사로 생각하기 쉽지만 셀 수 없는 명사이다. 그리고 미국에서는 **baggage**라는 말이 주로 쓰인다.

DIALOGUE 2

Se-ri **Excuse me.**
익스큐즈 미

My baggage is missing.
마이 배기쥐 이즈 미씽

Where is the baggage claim area?
웨어 리즈 더 배기쥐 클레임 에어리어

Clerk **Over there.**
오버 데어

Se-ri **Thanks a lot.**
땡스 어 랏

세리 : 실례합니다.
　　　제 가방이 분실되었습니다.
　　　짐 분실 신고하는 곳이 어디죠?
직원 : 저쪽입니다.
세리 : 대단히 감사합니다.

 WORDS ------------------------------------

· **suitcase** [súːtkèis] 여행가방
· **baggage** [bǽgidʒ] 짐
· **conveyer belt** 짐 운반 벨트
· **missing** [mísiŋ] 분실한, 행방불명인
· **baggage claim** 주소
· **baggage (luggage) cart** 수화물을 싣는 수레

187

Unit 04

Do you have anything to declare?

신고할 물건 있습니까?

세관에서 수화물을 조사하는 경우는 드물며, 대부분 여권과 신고서를 보고 2, 3가지의 간단한 질문을 합니다.

USEFUL EXPRESSIONS

01 Do you have anything to declare?
두 유 햅 에니띵 투 디클레어

02 No, I have nothing.
노우 아이 해브 나띵

03 These are all personal effects.
디이즈 아 올 퍼스널 이펙츠

04 Do you have any alcohol or cigarettes?
두 유 해브 에니 앨코홀 오어 씨거렛츠

05 I have some liquor and some cigarettes.
아이 해브 썸 리커 앤 썸 씨거렛츠

06 How much liquor do you have?
하우 머치 리커 두 유 햅

07 Two bottles.
투 바들즈

08 How many cigarettes do you have?
하우 매니 씨거렛츠 두 유 햅

09 A carton.
어 카튼

10 How about perfume?
하우 어바웃 퍼품

11 No, I don't.
노 아이 도우운(트)

12 Open your suitcase, please.
오픈 유어 스윗케이스 플리즈

01 신고할 물건 있습니까?
02 아니오, 없습니다.
03 이것들은 모두 개인용품들입니다.
04 술이나 담배를 가지고 있습니까?
05 전 약간의 술과 담배가 있어요.
06 술은 얼마나 가지고 있죠?

07 두 병이요.
08 담배는 얼마나 가지고 있죠?
09 한 상자요.
10 향수는 있어요?
11 없습니다.
12 여행가방을 열어주세요.

189

DIALOGUE 1

Clerk May I see your passport?
메이 아이 씨 유어 패스풋(트)

Se-ri Sure. Here it is.
슈어 히어 리 디즈

Clerk Thank you. Hmm. OK.
땡- 큐 흠 오케이

Do you have anything to declare?
두 유 햅 에니띵 투 디클레어

Se-ri No, I don't.
노 아이 도운(트)

직원: 여권 좀 보여 주시겠어요?
세리: 예, 여기 있습니다.
직원: 고맙습니다. 음. 됐습니다.
　　　신고할 물건은 있습니까?
세리: 없습니다.

외국 여행을 하다보면 실수를 많이 하게 된다. 그런데 한국인들은 실수라는 뜻의 단어로 **error**와 **mistake**를 혼동해서 쓰는 경향이 있다. **error**는 몰라서 저지른 실수일 때 쓰며, **mistake**는 알고 있는 것인데 순간적인 착각이나 부주의로 저지르는 실수의 경우이다.

DIALOGUE 2

Clerk **Do you have anything to declare?**
두 유 햅 에니띵 투 디클레어

Chan-ho **No. These are all personal effects.**
노우 디즈 아 올 퍼스널 이펙츠

Clerk **Do you have any liquor or cigarettes?**
두 유 햅 에니 리커 오어 씨거렛츠

Chan-ho **No, I don't.**
노 아이 도운(트)

직원: 신고할 물건 있습니까?
찬호: 아니오. 이것들은 모두 개인용품입니다.
직원: 술이나 담배 가지고 있습니까?
찬호: 없습니다.

 WORDS

· **declare**[dikléər] 신고하다, 선언하다
· **alcohol**[ǽlkəhɔ(ː)l] 술
· **liquor**[líkər] 술
· **carton**[kɑːrtən] 판지 상자
· **a carton of cigarettes** 한 상자의 담배, 10갑
· **personal**[pə́ːrsənəl] 개인용품
· **cigarette**[sìgərét] 담배
· **bottle**[bɑtl] 병
· **perfume**[pə́ːrfjuːm] 향수

191

Is there a restroom near here?

이 근처에 화장실 있습니까?

도심에서는 어느 나라를 막론하고 공중화장실을 찾기가 무척 힘들다. 백화점이나 호텔을 이용하는 게 편리한 방법이다. 요금을 투입해야만 들어갈 수 있는 공중화장실이 있는 나라도 있다.

USEFUL EXPRESSIONS

01 **Where is the restroom?**
웨어 리즈 더 레스트룸

02 **Where can I wash my hands?**
웨어 캐- 나이 워쉬 마이 핸즈

03 **Where is the washroom?**
웨어 이즈 더 워쉬룸

04 **May I use your restroom?**
메이 아이 유즈 유어 레스트룸

05 **Is there a coffee shop nearby?**
이즈 데어 러 커피 샵 니어바이

06 **There's a pay toilet in that building.**
데어즈 어 페이 토일릿 인 댓 빌딩

07 **There is no toilet paper.**
데어 이즈 노 토일릿 페이퍼

08 **It is occupied.**
이 디즈 아큐파이드

09 **It is vacant.**
이 디즈 베이컨트

10 **I can't flush the toilet.**
아이 캔트 플러쉬 더 토일릿

01 화장실이 어디에 있나요?
02 화장실이 어디에 있죠?
03 화장실이 어디에 있죠?
04 화장실을 사용해도 될까요?
05 이 근처에 커피숍이 있습니까?
06 저 건물에 유료 화장실이 있습니다.
07 화장실 휴지가 없습니다.
08 사용중입니다.
09 비어있습니다.
10 화장실 물이 내려가지 않습니다.

DIALOGUE 1

Chan-ho Excuse me.
익스큐즈 미

Is there a restroom nearby?
이즈 데어 러 레스트룸 니어바이

Woman I'm afraid not.
아임 어프레잇 낫

Chan-ho Is there a department store?
이즈 데어 러 디파트먼 스또어

Woman Yes, go down this street.
예스 고우 다운 디 스뜨릿

찬호: 실례합니다. 이 근처에 화장실이 있습니까?
여자: 없는 것 같은데요.
찬호: 백화점은 있습니까?
여자: 예, 이 길을 따라 내려가세요.

보통 아이들이 화장실에 가고 싶을 때는 **"I have to go potty."**라고 한다. 미국인 친구 아이가 한국인 친구 집에서 놀다가 **"I have to go potty."**하니까 한국인 어머니는 **"Have a good time."**이라고 했다고 한다. **potty**를 **party**로 잘못 알아들은 것이다.

DIALOGUE 2

Se-ri Where can I wash my hands?
웨어   캔   아이 워쉬   마이   핸즈

Uncle I'm not sure.
아임   낫   슈어

Please ask at the information center
플리즈   애스크 앳 디   인포메이션   세너

over there.
오버   데어

Se-ri Thank you.
땡-   큐

세리 : 화장실이 어디에 있죠?
아저씨 : 잘 모르겠는데요.
　　　　저쪽에 있는 안내센터에
　　　　물어 보시지요.
세리 : 고맙습니다.

> **보충 학습**
>
> · **bathroom** [bǽθrùː)m]
>   화장실(주로 가정에서)
> · **restroom** [restrùː)m]
>   화장실(학교나 백화점 같은 대
>   중적인 장소에서)
> · **washroom** [wɑʃrùː)m]
>   화장실(식당이나 호텔 등에서
>   사용)

WORDS

· men's room 남자 화장실
· lavatory [lǽvətɔ̀ːri] 화장실(주로 영국)
· toilet paper 화장지

· ladies' room 여자 화장실
· nearby [níərbài] 근처의, 근처에
· flush [flʌʃ] 물을 쏟아 씻다

I'd like to check in, please.

체크인하고 싶습니다.

호텔은 미리 예약하는 것이 편리합니다. 큰짐을 들고 다니는 것은 힘들기 때문입니다. 한국에서 예약을 하지 않은 경우는 공항에 있는 호텔 안내소나 항공사 직원들에게 도움을 청하시면 됩니다.

USEFUL EXPRESSIONS

01 I don't have a reservation.
아이 도운 해- 버 레저베이션

02 Do you have a single room available for tonight?
두 유 해- 버 씽글 룸 어베일러블 휘 투나잇

03 I have a reservation.
아이 해- 버 레저베이션

04 I'd like to check in.
아이드 라익 투 체-킨

05 I'd like to make a reservation.
아이드 라익 투 메이- 커 레저베이션

06 Please fill out this form.
플리즈 필 아웃 디스 펌

07 How much is it?
하우 머치 이즈 잇

08 Could I see the room?
쿠- 다이 씨 더 룸

09 You accept credit cards, don't you?
유 억쎕트 크레딧 카즈 도운- 츄

10 Is Visa OK?
이즈 비자 오케이

11 Can I deposit valuables here?
캐- 나이 디파짓 밸류어블즈 히어

01 예약을 하지 않았는데요.
02 오늘밤 묵을 1인용 방 있나요?
03 저는 예약을 했습니다.
04 체크인 하길 원합니다.
05 예약을 하고 싶습니다.
06 이 양식(숙박카드)을 기입해 주세요.

07 얼마입니까?
08 방을 보여 주시겠어요?
09 신용카드를 사용할 수 있죠?
10 비자카드 사용됩니까?
11 여기에 귀중품을 맡길 수 있나요?

197

DIALOGUE 1

Kil-su I'd like to check in, please.
아이드 라익 투 체- 킨 플리즈

Clerk Do you have a reservation?
두 유 해- 버 레저베이션

Kil-su Yes, my name is Kil-su Choi.
예스 마이 네이 미즈 길수 최

Clerk Will you fill out this form?
윌- 류 필 아웃 디스 펌

Kil-su Sure.
슈어

길수: 투숙하길 원합니다.
직원: 예약하셨습니까?
길수: 예, 제 이름은 최길수입니다.
직원: 이 양식을 기입해 주시겠습니까?
길수: 알겠습니다.(그렇게 하죠)

외국인과 식사를 하는 경우 "후추 좀 주세요."라는 표현으로 **"Give me the pepper."**라는 말이 나오기 쉽다. 이럴 경우의 바른 표현은 **"Will you pass me the pepper?"** 또는 **"pass me the pepper, please."**이다.

DIALOGUE 2

Kil-su Do you have a single room available
두- 쥬 해- 버 씽글 룸 어베일러블

for tonight?
휘 투나잇

Clerk Yes, we do, sir.
예스 위 두 써

Kil-su How much is it?
하우 머치 이즈 잇

Clerk $40 a night, sir.
훠리달러즈 어 나잇 써

Kil-su That's fine.
댓츠 파인

길수: 오늘밤 묵을 1인용 빈 방 있습니까?

직원: 예, 있습니다.

길수: 얼마죠?

직원: 하룻밤에 40달러입니다.

길수: 좋습니다.

WORDS

- **reservation**[rèzərvéiʃən] 예약
- **fill out** 기입하다
- **accept**[æksépt] 받다
- **laundry**[lɑːndri] 세탁물, 세탁소
- **deposit**[dipɑzit] 맡기다, 저축하다
- **check in** 투숙절차를 밟다
- **form**[fɔːrm] 양식
- **credit card** 신용카드
- **bill**[bil] 계산서
- **valuables**[væljuːəbəl] 귀중품

Unit

07

I'd like to check out.

체크아웃 하길 원합니다.

호텔의 입·퇴실 시간은 호텔마다 다르지만 대개 11~12시가 퇴실 시간이고, 입실은 12시 이후입니다. 퇴실할 때는 방을 잘 정돈하고 팁으로 한화 1000원(1달러) 정도의 돈을 놓고 나오는 것이 좋다.

USEFUL EXPRESSIONS

01 **What's the checkout time?**
왓츠 　 더 　 체-카웃 　 타임

02 **This is Room 201.**
디스 　 이즈 룸 　 투오우원

03 **I'd like to check out now.**
아이드 라익 터 체- 　 카웃 나우

04 **Please get my bill ready.**
플리즈 　 겟 　 마이 빌 　 레디

05 **I'm going to leave one night earlier.**
아임 　 고잉 　 투 리브 　 원 　 나잇 　 어얼리어

06 **Would you send up a bellboy for my baggage?**
우- 　 쥬 　 쎈- 더 버 벨보이 　 훠 마이 배기쥐

07 **I'd like to stay one more night.**
아이드 라익 투 스떼이 원 　 모어 　 나잇

08 **Would you call a cab for me?**
우- 　 쥬 　 콜- 러 캡 　 훠 미

09 **Where can I catch a limousine?**
웨어 　 캐- 나이 캐- 　 처 리무진

---

01 체크아웃 하는 시간이 몇 시죠?
02 201호실입니다.
03 지금 체크아웃하길 원합니다.
04 계산서를 준비해 주세요.
05 하룻밤 일찍 떠나려고 합니다.

06 제 짐을 들고 갈 보이 좀 올려
　 보내 주시겠어요?
07 하룻밤 더 묵고 싶습니다.
08 저를 위해 택시 좀 불러 주시겠어요?
09 어디에서 리무진을 탈 수 있나요?

DIALOGUE 1

Clerk   Front Desk. Can I help you?
프런트   데스크   캐-   나이 헬-   퓨

Miss Yu   This is Miss Yu in Room 201.
디스   이즈 미스   유   인 룸   투오우원

I'm checking out soon.
아임   체킹   아웃 쑨

Clerk   Yes, ma'am.
예스   맴

Miss Yu   Please get my bill ready.
플리즈   겟   마이 빌   레디

직원: 프런트입니다. 도와드릴까요?
미스 유: 저는 201호실에 있는 미스 유입니다.
       곧 체크아웃(퇴실)하려고 하는데요.
직원: 예, 알겠습니다.
미스 유: 계산서 좀 준비해 주세요.

꼬꼬댁 꼬꼬!

흔히 대학에서 사용하는 미팅(meeting)이란 말은 사업상의 모임에서만 한정해서 사용
되고 서로 모르는 남녀끼리 짝을 지어 데이트를 하는 사교 모임은 **meeting**이 아니라
group blind date라고 해야 적합하다.

DIALOGUE 2

Yun-hee I'd like to have a wake-up call
아이드 라익 터 해- 버 웨이 컵 콜

at 6, please.
앳 씩스 플리즈

Clerk May I have your name and room number?
메이 아이 해브 유어 네임 앤 룸 넘버

Yun-hee My name is Yun-hee Kim.
마이 네이 미즈 윤희 김

and my room number is 301.
앤 마이 룸 넘버 이즈 쓰리오우원

Clerk Thank you. We'll call you at 6.
땡- 큐 위일 콜- 류 앳 씩스

윤희: 6시에 전화로 깨워 주세요.
직원: 성함과 방 번호는요?
윤희: 제 이름은 김윤희고요, 301호실입니다.
직원: 감사합니다. 6시에 전화 드릴게요.

✎ WORDS

- **bill** [bil] 계산서
- **early** [ə́ːrli] 일찍
- **cab** [kæb] 택시
- **limousine** [líməzìːn] 고급 대형 자동차, 공항버스
- **ready** [rédi] 준비가 된
- **earlier** [ə́ːrliər] 더 일찍
- **wake up** 깨우다

Unit

08

Where is the taxi stand?

택시 타는 곳이 어디입니까?

택시를 도로 아무데서나 타지 못하고 택시회사에 전화를 해서 부르는 나라들도 있다. 그럴 때는 타고자 하는 곳의 주소를 영어로 준비하고 있다가 알려줘야 한다. 영어권이 아닌 나라에서는 기사에게 목적지를 그 나라 말이나 영어로 메모해 두었다가 보여주는 것이 실수하지 않는 방법이다.

USEFUL EXPRESSIONS

01 **Where can I take a taxi?**
웨어　캐-　나이 테이　커 택시

02 **Please call a taxi for me.**
플리즈　콜-　러 택시　훠　미

03 **Where can I take you?**
웨어　캐-　나이 테이-　큐

04 **To this address, please.**
투　디스　어드레스　플리즈

05 **How long does it take to get there?**
하우　롱　더즈　잇 테익　터 겟　데어

06 **How much will it be to get there?**
하우　머치　윌-　릿 비 터 겟　데어

07 **How much is the fare?**
하우　머치　이즈 더　페어

08 **Stop here, please.**
스탑　히어　플리즈

09 **Let me off here.**
렛　미　어프 히어

10 **Please hurry. I'm late.**
플리즈　허리　아임 레잇

11 **Please keep the change.**
플리즈　킵　더　체인쥐

01 택시는 어디서 탑니까?
02 저를 위해 택시 좀 불러 주세요.
03 어디로 모실까요?
04 이 주소로 가 주세요.
05 거기까지 가는데 얼마나 걸릴까요?
06 거기까지 가는데 요금이 얼마나
　　나올까요?

07 요금이 얼마죠?
08 여기서 내려 주세요.
　　(여기에 서 주세요.)
09 여기서 내려 주세요.
10 서둘러 주세요. 늦었습니다.
11 거스름돈은 가지세요.

205

DIALOGUE 1

In-su Taxi! taxi!
택시   택시

Driver Where to, sir?
웨어   투   써

In-su I want to go to the Park Avenue.
아이 워-너   고우 투 더 팍   캐버뉴

Driver Please get in.
플리즈   게-   린

In-su Thank you.
땡-   큐

인수: 택시! 택시!
택시기사: 어디까지 가시죠?
인수: 파크 애비뉴에 가려고 합니다.
택시기사: 타시죠.
인수: 고맙습니다.

교통기관을 이용할 때 내는 요금은 **fare**라고 한다. 의사나 변호사 등의 전문직 서비스를 받았을 때는 **fee**를 지불한다고 표현한다.

   ex) What's the train fare to Busan? (O)

Yun-hee　Please take me to the airport.
　　　　　플리즈　테잌　미　투　디　에어폿

Driver　OK.
　　　　오케이

　　　　Here we are.
　　　　히어　위　아

Yun-hee　What's the fare, please?
　　　　　왓츠　더　훼어　플리즈

Driver　9 dollars.
　　　　나인 달러즈

Yun-hee　Here's 10 dollars. Keep the change.
　　　　　히어즈　텐　달러즈　킵　더　체인쥐

윤희: 공항까지 데려다 주세요.
택시기사: 알겠습니다.
　　　　　다 왔습니다.
윤희: 요금이 얼마죠?
택시기사: 9달러입니다.
윤희: 여기 10달러 받으시죠. 잔돈은 됐습니다.

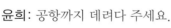 **WORDS**

· **taxi stand** 택시 정류장
· **call a taxi** 택시를 부르다
· **fare** [fɛər] 요금
· **take a taxi** 택시를 타다
· **address** [ədrés] 주소
· **change** [tʃeindʒ] 잔돈

207

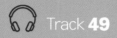

Unit

09

Could you suggest a good restaurant?

좋은 레스토랑을 권해 주시겠어요?

레스토랑은 고급, 패밀리, 패스트푸드 레스토랑 등이 있다. 고급 레스토랑은 비즈니스나 축하연회 등을 위해 가는 곳으로 예약을 하고 정장을 하는 것이 좋다. 패밀리 레스토랑은 가족이나 친구들과 갈 수 있는 곳으로 정장이나 예약을 하지 않아도 된다. 패스트푸드 레스토랑이나 카페테리아는 보통 식사만을 위해서 가는 곳으로 비용이 저렴하고 간편한 곳이다.

USEFUL EXPRESSIONS

01 **Can you recommend a good restaurant**
캐- 뉴 레코멘- 더 굿 레스토랑(트)
near here?
니어 히어

02 **What kind of food would you like to eat?**
왓 카인- 더브 풋 우- 쥬 라익 투 잇

03 **Would you show me the menu?**
우- 쥬 쇼우 미 더 메뉴

04 **What is the specialty of this restaurant?**
왓 리즈(디즈) 더 스뻬셜티 어브 디스 레스토랑

05 **What's today's special?**
왓츠 투데이즈 스페셜

06 **We don't have a reservation.**
위 도운 해브 어 레저베이션

07 **Do you have a table for three?**
두 유 해- 버 테이블 훠 쓰리

08 **Smoking or non?**
스모킹 오어 넌

09 **Non-smoking, please.**
넌 스모킹 플리즈

10 **Are you ready to order?**
아 유 레디 투 오더

11 **I'll have the same.**
아일 해브 더 쎄임

01 이 근처에 괜찮은 레스토랑을
   소개해 주실래요?
02 어떤 종류의 음식을 드시겠어요?
03 메뉴 좀 보여 주시겠어요?
04 이 레스토랑에서 잘 하는 요리는
   뭐죠?
05 오늘의 특별요리는 뭐죠?

06 우리는 예약을 하지 않았습니다.
07 3인석 식탁 있습니까?
08 흡연석으로 할까요,
   금연석으로 할까요?
09 금연석으로 주세요.
10 주문할 준비 되셨나요?
11 같은 걸로 들겠습니다.

Mi-ja   I'd like to make a reservation for
아이드 라잌   터   메이- 커 레저베이션   휘
tonight, at eight, for two.
투나잇   애 레잇   휘 투

Receptionist Your name, please.
유어   네임   플리즈

Mi-ja   Mi-ja Yi.
미자   이

Receptionist What's your phone number?
왓츠   유어   폰   넘버

Mi-ja   785-1234.
쎄븐에잇화이브 원투쓰리휘

미자: 오늘밤 8시에 2명을 예약하고 싶습니다.
접수계원: 성함이 어떻게 되시죠?
미자: 이미자입니다.
접수계원: 전화번호는 몇 번이죠?
미자: 785-1234입니다.

꼬꼬댁 꼬꼬!
- -

미국 서부에서 한 레스토랑에 간 적이 있다. 종업원이 동양인 손님을 보고 **"Do you have company?"**(일행이 있습니까?)했다. 동양인은 순간 당황한 표정을 지었다. 여기서 **company**는 일행, 동석자를 뜻하는 것이었는데, 회사를 연상한 것 같다.

DIALOGUE 2

Waiter **Are you ready to order?**
아 유 레디 투 오더

Mi-ja **What's today's special?**
왓츠 투데이즈 스뻬셜

Waiter **T-bone steak, with soup or salad.**
티 본 스떼잌 위드 쑵 오어 쌜럿

Mi-ja **That sounds good.**
댓 싸운즈 굳

Well-done, please.
웰 던 플리즈

웨이터: 주문할 준비 되셨습니까?
미자: 오늘의 특별요리는 뭐죠?
웨이터: 수프나 샐러드가 나오는 티본 스테이크입니다.
미자: 좋습니다. 완전히 익혀주세요.

WORDS

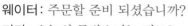

- **recommend** [rèkəménd] 권장하다, 추천하다
- **food** [fuːd] 음식
- **specialty** [spéʃəlti] 장기, 특기, 자랑할만한 것
- **order** [ɔ́ːrdər] 주문하다
- **suggest** [səgdʒést] 권하다, 제안하다
- **special** [spéʃəl] 특별요리
- **reservation** [rèzərvéiʃən] 예약
- **be ready to ~** ~할 준비가 되다

211

Track **50**

Unit **10**

Could you tell me where the Tourist Information Office is?

관광안내소가 어디에 있는지 가르쳐 주시겠습니까?

낯선 나라를 여행하게 되면 길을 많이 묻게 된다. 따라서 초행길엔 지도를 꼭 가지고 가는 게 좋다. 약도와 전화번호를 지참하면 금상첨화다. 역 주변이나 시내 중심가에 있는 관광안내소를 통해 안내책자나 자세한 정보를 얻을 수도 있다.

01 **Excuse me, could you tell me the way to the park?**
익스큐즈 미 쿠- 쥬 텔 미 더 웨이 투 더 팍(크)

02 **Will you show me the way to the post office?**
윌- 류 쇼우 미 더 웨이 투 더 포스트 아피스

03 **I am a stranger here.**
아이 에-머 스뜨레인저 히어

04 **Where am I?**
웨어 에- 마이

05 **Where is the subway station?**
웨어 이즈 더 써브웨이 스떼이션

06 **Is there a public toilet near here?**
이즈 데어 러 퍼블릭 토일릿 니어 히어

07 **How can I get there?**
하우 케- 나이 겟 데어

08 **Take the subway train over there.**
테익 더 써브웨이 츠레인 오버 데어

09 **How far is it?**
하우 화 이즈 잇

10 **It's about a 5 minute walk.**
잇츠 어바웃 어 화이브 미닛 웍(크)

11 **Go straight on this road and turn right**
고우 스뜨레잇 언 디스 로웃 앤 턴 롸잇

at the intersection.
앳 더 인너섹션

01 실례합니다만, 공원 가는 길 좀 가르쳐 주시겠어요?
02 우체국으로 가는 길을 가르쳐 주시겠어요?
03 저는 이곳이 초행입니다.
04 제가 어디에 있는 거죠?
05 지하철역이 어디에 있죠?
06 이 근처에 공중 화장실이 있습니까?
07 거기에 어떻게 가야 되나요?
08 저쪽에서 지하철을 타세요.
09 얼마나 멀죠?
10 걸어서 5분 정도 걸립니다.
11 이 길을 곧장 가서 교차로에서 오른쪽으로 도세요.

213

DIALOGUE 1

In-su Excuse me, Is there a bookstore
익스큐즈 미 이즈 데어 러 북스또어

near here?
니어 히어

Woman Yes. There's one next to the post office.
예스 데어즈 원 넥스 터 더 포스트 아피스

In-su How do I get there?
하우 두 아이 겟 데어

Woman Go down this street to the signal.
고우 다운 디스 스뜨릿 터 더 씨그널

Then turn right.
덴 턴 롸잇

인수: 실례지만 이 근처에 서점 있나요?
여자: 예, 우체국 옆에 있습니다.
인수: 그곳에 어떻게 가죠?
여자: 신호등이 나올 때까지 이 길을 내려가세요.
그리고 오른쪽으로 도세요.

꼬꼬댁 꼬꼬!

관광을 하게 되면 유명한 명소들을 찾게 된다. 이때 흔히 사용하는 단어는 **famous**이
다. 그런데 사용에 주의할 점이 있다. **famous**는 주로 사람을 지칭하거나 세계적으로
알려진 무언가를 지칭할 때 쓴다. 그 밖의 경우에는 **known**(알려진)나 **well-known**
을 쓰는 게 보통이다.

　　ex) **This restaurant is known for Bulgogi.**

DIALOGUE 2

Yun-hee **I'm afraid I've lost my way.**
아임   어프레잇   아이브   로스트   마이   웨이

Where are we?
웨어–   라   위

Man **We're near the National Museum.**
위어   니어   더   내셔널   뮤지엄

Yun-hee **Where is the Hilton Hotel?**
웨어   리즈 더   힐튼   호텔

Man **It's across from the National Museum.**
잇츠   어크로스   프럼   더   내셔널   뮤지엄

Yun-hee **Thanks a lot.**
땡스   어 랏

윤희: 제가 길을 잃은 것 같군요. 여기가 어디죠?
남자: 국립박물관 근처입니다.
윤희: 힐튼호텔은 어디에 있죠?
남자: 국립박물관 건너편에 있습니다.
윤희: 대단히 감사합니다.

WORDS

· park [pɑːrk] 공원
· stranger [stréindʒər] 낯선 사람
· public toilet 공중화장실
· far [fɑːr] 먼
· straight [streit] 똑바로
· intersection [ìntərsékʃən] 교차로
· signal [sígnl] 신호, 신호기

· post office 우체국
· subway station 지하철역
· subway train 지하철
· minute [mínit] 분
· road [roud] 도로
· bookstore [búkstɔ̀ːr] 서점
· map [mæp] 지도

215

11

Are there any historical sites?

사적지들이 있습니까?

관광명소를 입장할 때 복장을 규제하는 나라들이 있다. 따라서 정장 한 번 정도를 준비하는 것이 편리하다. 노출이 심한 복장은 특히 사원 등을 들어갈 때 규제의 대상이 되기가 쉽다.

USEFUL EXPRESSIONS

01 **Could you tell me some interesting places?**
쿠- 쥬 텔 미 썸 인터레스팅 플레이씨스

02 **Do you have a sightseeing brochure?**
두 유 해브 어 싸잇씽 브로우셔

03 **What kind of tours do you have?**
왓 카인 더브 투어즈 두 유 햅

04 **Is it possible to hire a guide?**
이즈 잇 파써블 터 하이어 러 가이드

05 **What should I see in this city?**
왓 슈- 다이 씨 인 디스 씨티

06 **Do you have a Korean speaking guide?**
두 유 해브 어 코리언 스삐킹 가이드

07 **Where can I see the view of the whole city?**
웨어 캐 나이 씨 더 뷰 어브 더 호울 씨티

08 **How can I get there?**
하우 캐 나이 겟 데어

09 **How much does the tour cost?**
하우 머치 더즈 더 투어 코숫(드)

10 **May I take pictures here?**
메이 아이 테잌 픽춰즈 히어

11 **What time does the tour start?**
왓 타임 더즈 더 투어 스땃

01 흥미로운 곳 몇 군데를 말씀해 주실래요?
02 관광안내서가 있습니까?
03 어떤 종류의 관광들이 있습니까?
04 가이드를 고용하는 것이 가능한가요?
05 이 도시에서는 뭘 보아야 할까요?
06 한국말을 하는 가이드가 있나요?
07 어디에서 시 전경을 볼 수 있나요?
08 그곳엔 어떻게 갈 수 있죠?
09 그 관광은 요금이 얼마죠?
10 여기서 사진을 찍어도 됩니까?
11 몇 시에 관광이 시작되나요?

DIALOGUE 1

In-ho What should I see in this city?
왓　　　슈-　　　다이 씨　인　디스　씨티

Guide Is this your first visit?
이즈 디스　유어　　휘스트　비짓

In-ho Yes.
예쓰

Guide There is a famous museum nearby.
데어　　이즈 어 페어머스　　뮤지엄　　　니어바이

인호 : 이 도시에서는 뭘 봐야 될까요?
가이드 : 이번이 처음 방문이세요?
인호 : 예.
가이드 : 근처에 유명한 박물관이 있습니다.

 꼬꼬댁 꼬꼬!

한 점잖은 신사가 뉴욕을 방문하여 **"New York city is very beautiful."** 이라고
했다. 그런데 c를 [ʃ]로 발음하여 **city**가 **shitty**로 표현된 것이다. **shitty**는 '똥 같은,
재미없는' 의 뜻인지도 모르고…

218

DIALOGUE 2

Yun-hee **How much is the admission?**
하우 머치 이즈 디 어드미션

Guide **It's 7 dollars for adults.**
이츠 쎄븐 달러즈 휘 어덜츠

Yun-hee **Do you have a guide for us?**
두 유 해- 버 가이드 휘 러스

Guide **Yes, of course.**
예스 어브 콜스

윤희: 입장료가 얼마죠?
가이드: 성인은 7달러입니다.
윤희: 우리들을 위한 안내자가 있나요?
가이드: 예, 물론입니다.

 **WORDS**

- interesting [íntəristiŋ] 흥미 있는
- sightseeing [sáitsì:iŋ] 관광
- whole [houl] 전체의
- take a picture 사진을 찍다
- visit [vízit] 방문
- museum [mju:zí:əm] 박물관

- place [pleis] 장소
- brochure [brouʃúər] 팜플렛, 소책자
- picture [píktʃər] 사진, 그림
- tour [tuər] 여행
- famous [féiməs] 유명한
- adult [ədʌ́lt] 성인

219

Unit 12

May I help you?

도와 드릴까요?

해외에서 쇼핑할 때는 상점들의 영업시간을 확인하는 것이 좋다. 한국과는 달리 토요일 오후, 일요일, 기념일은 쉬는 상점들이 있다. 물건을 고를 때는 함부로 만지지 않도록 주의를 해야 한다. 물건을 사지 않고 구경만 할 때는 eye-shopping이 아니라 window-shopping이라고 표현한다.

USEFUL EXPRESSIONS

01 **Can I help you?**
캔- 나이 헬- 퓨

02 **I'm just looking.**
아임 저스트 룩킹

03 **I am just window-shopping.**
아이 엠 저스트 윈도우 샤핑

04 **What kind are you looking for?**
왓 카인- 다 유 룩킹 훠

05 **I'd like to buy a bag.**
아이드 라익 투 바이 어 백

06 **How much is it (altogether)?**
하우 머치 이즈 잇 올터게더

07 **I think it's too expensive.**
아이 띵(크) 잇츠 투- 익스펜씨브

08 **Can you reduce the price?**
캐- 뉴 리듀스 더 프라이스

09 **Can you show me another?**
캐- 뉴 쇼우 미 어나더

10 **I'll take this (it).**
아일 테익 디스 (잇)

11 **Do you accept Visa?**
두 유 억쎕트 비자

01 도와 드릴까요?
02 전 다만 구경하는 겁니다.
03 전 단지 구경하는 건데요.
04 어떤 종류를 찾고 계시죠?
05 가방을 사려고 하는데요.
06 (전부) 얼마입니까?
07 너무 비싼 것 같은데요.
08 좀 더 싸게 안될까요?
09 다른 걸 보여주시겠어요?
10 이걸(그걸) 사겠어요.
11 비자카드를 사용할 수 있나요?

221

Seller **May I help you?**
메이 아이 헬- 퓨

Yun-hee **I am just looking (windowing-shopping).**
아이 엠 저슷(뜨) 루킹 윈도우 샵핑

Seller **If you need any help, please let me know**
이-퓨 닛 에니 헬프 플리즈 렛 미 노우

Yun-hee **Thanks.**
땡스

판매원: 도와드릴까요?
윤희: 단지 구경하는 겁니다.
판매원: 도움이 필요하시면 알려 주세요.
윤희: 고맙습니다.

꼬꼬댁 꼬꼬!

한국인들은 낯선 사람이 방문했을 경우, 우리말의 "어떻게 오셨나요?"를 직역하여 **"How did you come here?"**라는 표현을 하는 수가 있다. 이 말은 매우 실례되는 표현으로 "왜 왔느냐?"는 뜻을 지니고 있다. 이럴 때는 **"May I help you?"**를 써야 한다.

DIALOGUE 2

Seller Can I help you?
캐- 나이 헬- 퓨

Yun-hee I am looking for perfume.
아이 엠 루킹 휘 퍼퓸

Seller How about this one?
하우 어바웃 디스 원

Would you care to try some?
우- 쥬 케어 터 츠라이 썸

Yun-hee That smells nice. How much is it?
댓 스멜즈 나이스 하우 머치 이즈 잇

Seller It's $50 a bottle.
잇츠 휘프티달러즈 어 바들

Yun-hee I'll take one bottle.
아일 테익 원 바들

판매원: 도와드릴까요?

윤희: 향수를 찾고 있는데요.

판매원: 이건 어떠세요? 향기를 맡아보시겠어요?

윤희: 향기가 좋군요. 얼마죠?

판매원: 한 병에 50달러입니다.

윤희: 한 병 살게요.

✏️ WORDS

· **altogether** [ɔ̀:ltəgéðər] 전부
· **reduce** [ridʒú:s] (수량, 무게, 값 따위를) 줄이다
· **popular** [pɑpjələr] 인기 있는, 대중적인
· **expensive** [ikspénsiv] 비싼
· **price** [prais] 가격
· **accept** [æksépt] ~을 받다

May I try it on?

입어봐도 될까요?

의류나 보석은 판매원에게 부탁하고 입어보거나 끼어볼 수 있다. 허락 없이 그렇게 하지 않도록 주의해야 한다. 산 물건을 수일 뒤에 교환이나 환불을 원할 때는 반드시 영수증을 지참하고 요구해야 한다. 미국에서는 대체로 환불제도가 잘 되어 있어서 별 문제 없이 가능할 것이다. 물건의 배달을 원할 때는 별도의 비용이 드는지 확인해야 한다.

USEFUL EXPRESSIONS

01 Can I try this on?
캐- 나이 츠라이 디스 언

02 Where is the fitting room?
웨어- 리즈 더 휘딩 룸

03 What size do you wear?
왓 싸이즈 두 유 웨어

04 I'm not sure of my size.
아임 낫 슈어 러브 마이 싸이즈

05 It seems a little long.
잇 씸즈 어 리틀 롱

06 Can you adjust the length?
캐- 뉴 어저슷 더 렝쓰

07 This shirt looks good on you.
디 셔트 룩스 구- 더- 뉴

08 The sleeves are too short.
더 슬리브즈 아 투 숏

09 It's too loose.
잇츠 투 루즈

10 I'd like to return this.
아이드 라익 터 리턴 디스

01 한번 입어봐도 될까요?
02 탈의실이 어디죠?
03 몇 사이즈를 입으시죠(신으세요)?
04 내 사이즈를 잘 모르겠습니다.
05 길이가 좀 긴 것 같군요.

06 길이를 고쳐 주시겠어요?
07 이 셔츠는 당신에게 잘 어울립니다.
08 소매가 너무 짧군요.
09 너무 헐렁하네요.
10 이것을 반품하고 싶은데요.

DIALOGUE 1

Chan-ho **I'd like this kind of shirt.**
아이드 라잌 디스 카인 너브 셧(트)

Seller **What size do you wear?**
왓 싸이즈 두 유 웨어

Chan-ho **I'm not sure.**
아임 낫 슈어

Seller **A size 5 might fit you.**
어 싸이즈 화이브 마잇 휘- 츄

Would you like to try this on?
우- 쥬 라잌 터 츠라이 디스 언

Chan-ho **Sure.**
슈어

찬호: 이런 종류의 셔츠를 좋아합니다.
판매원: 사이즈가 얼마죠?
찬호: 잘 모르겠는데요.
판매원: 사이즈 5가 맞을 것 같군요.
이걸 입어보시겠어요?
찬호: 그러죠.

꼬꼬댁 꼬꼬!

한국인들이 흔히 말하는 팬티 또는 빤스라는 속옷은 보통 남자의 경우 **underpants**, 여자와 어린이 경우는 **panties**라고 말한다. 총칭적으로 속옷이라고 부를 때는 **underwear**나 **undergarment**라는 말을 쓴다.

226

DIALOGUE 2

In-su Could you show me some gold rings?
쿠- 쥬 쇼우 미 썸 고울드 링스

Seller How about this one?
하우 어바웃 디스 원

In-su How many carats(karats) is it?
하우 메니 캐러츠 이즈 잇

Seller It's 14 carats.
잇츠 훠틴 캐러츠

In-su May I try it on?
메이 아이 츠라이 이 던

Seller Yes, of course.
예스 어브 콜스

인수: 금반지 좀 보여주시겠어요?
판매원: 이건 어떨까요?
인수: 그건 몇 캐럿이죠?
판매원: 14캐럿입니다.
인수: 끼어봐도 될까요?
판매원: 물론이죠.

 WORDS

· adjust[ədʒʌ́st] 조정하다, 맞추다
· sleeve[sliːv] 소매
· loose[luːs] 느슨한, 헐렁한
· gold ring 금반지
· length[leŋkθ] 길이
· short[ʃɔːrt] 짧은
· fit[fit] ~에 맞다, 적합하다
· try[trai] ~을 해보다

227

Unit **14**

I'd like to rent a car.

차를 빌리고 싶습니다.

국토가 넓은 나라는 관광지가 광대한 지역에 산재해 있으므로 차를 빌리는 것이 매우 유용하다. 차를 빌리려면 국제면허증과 여권이 필요하다. 항상 출발 전에 지도로 목적지를 확인하는 게 좋다. 물론 영어로 된 교통 표지판을 읽을 수 있어야 한다.

USEFUL EXPRESSIONS

01 **What kind of car would you like?**
왓 카인- 더브 카 우- 쥬 라익

02 **What size car do you need?**
왓 싸이즈 카 두 유 닛

03 **A small car.**
어 스몰 카

04 **A medium-sized car.**
어 미디엄 싸이즈드 카

05 **I'd like to rent this car for 7 days.**
아이드 라익 투 렌 디스 카 휘 쎄븐 데이즈

06 **If available, I'd like an automatic.**
이-퍼베일러브 아이드 라이- 컨 오로매릭

07 **A stick shift, if possible.**
어 스틱 쉬프트- 입 파써블

08 **Fine, I'll take it.**
화인 아일 테이- 킷

09 **Does this rate include insurance?**
더즈 디스 레잇 인쿨룻 인슈어런스

01 어떤 종류의 차를 원하세요?
02 어떤 사이즈의 차가 필요합니까?
03 소형차를 원합니다.
04 중형차를 원합니다.
05 이 차를 7일간 빌리고 싶습니다.

06 가능하다면 오토매틱(자동)을 원합니다.
07 가능하다면 스틱 차를 원합니다.
08 좋습니다. 그걸로 빌리겠습니다.
09 이 요금에 보험료가 포함되어 있나요?

DIALOGUE 1

In-ho **I'd like to rent a car.**
아이드 라잌 투 렌- 터 카

Clerk **What size car do you need?**
왓 싸이즈 카 두 유 닛

In-ho **A small car.**
어 스몰 카

Clerk **How about this one?**
하우 어바웃 디스 원

In-ho **Is it an automatic?**
이즈 이 던 오로매틱

Clerk **Yes, it is.**
예스 이 -디즈

In-ho **I'll take it.**
아일 테이 킷

인호 : 차를 빌리고 싶습니다.
직원 : 어떤 사이즈의 차가 필요하시죠?
인호 : 소형차입니다.
직원 : 이 차는 어떠세요?
인호 : 오토매틱(자동) 입니까?
직원 : 예, 그렇습니다.
인호 : 그걸로 빌리겠습니다.

꼬꼬댁 꼬꼬!

외국에서 운전할 때 도로 표지판의 이해는 너무 중요하다.
· **one way** (일방 통행 도로)   · **dead end** (막다른 골목)
· **no trespassing** (출입금지)   · **no crossing** (횡단금지)

DIALOGUE 2

Yun-hee I'm returning a car I rented last week.
아임 리터닝 어 카 아이 렌티드 래스트 윅

Clerk Could I see your contract?
쿠— 다이 씨 유어 칸트랙트

Yun-hee Here it is.
히어 이 디즈

Clerk Wait a minute, two days at $40 per
웨이— 러 미닛 투 데이즈 앳 훠리달러즈 퍼

day plus tax comes to $85.50.
데이 플러스 택스 컴즈 투 에잇화이브달러즈앤휘프디센트

윤희: 지난 주 빌린 차를 반환하고자 합니다.
직원: 계약서를 보여 주시겠어요?
윤희: 여기 있습니다.
직원: 잠깐 기다리세요. 하루에 40달러씩 이틀에 세금이 더하면
85달러 50센트입니다.

WORDS

- rent[rent] 세내다
- available[əvéiləbəl] 이용할 수 있는
- stick shift (자동차의 손으로 움직이는)변속레버
- insurance[inʃúərəns] 보험, 보험료
- tax[tæks] 세금
- medium[mí:diəm] 중간
- automatic[ɔ̀:təmǽtik] 자동의
- rate[reit] 요금, 비율
- contract[kɑntrækt] 계약, 계약서

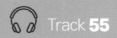

I'd like to send this letter to Korea.

이 편지를 한국으로 보내고 싶습니다.

호텔 프런트에서도 우표 값을 내면 편지나 엽서를 보내주는 편의를 제공하는 곳이 많다. 우표나 엽서는 우체국뿐만 아니라 관광지, 박물관, 관광지의 기념품 가게 등에서 판다. 우체국도 대개 근처에 있다.

USEFUL EXPRESSIONS

01 **Where is the post office?**
웨어   리즈 더   포스트   아피스

02 **Where is the mail box?**
웨어   리즈 더   메일   박스

03 **Where can I buy stamps?**
웨어   캔   나이 바이 스탬스

04 **I'd like this letter registered.**
아이드 라잌 디스   레러   레지스터드

05 **I'd like to send this by express mail(special**
아이드 라잌 터 쎈   디스 바이 익스프레스   메일   스뻬셜

delivery).
딜리버리

06 **Airmail or seamail?**
에어메일   오어 씨메일

07 **Airmail, please.**
에어메일   플리즈

08 **What's the postage for this letter?**
왓츠   더   포스티쥐   훠 디스   레러

09 **This is fragile.**
디스 이즈 프래절(프래자일)

10 **How much is a postcard?**
하우   머치   이즈 어 포스트카드

01 우체국이 어디에 있습니까?
02 우체통은 어디에 있습니까?
03 우표는 어디에서 살 수 있나요?
04 이 편지를 등기로 보내고 싶습니다.
05 이걸 속달로 보내주세요.

06 항공우편입니까, 선박우편입니까?
07 항공우편으로 보내 주세요.
08 이 편지의 우편요금은 얼마입니까?
09 이것은 깨지기 쉽습니다.
10 우편엽서는 얼마죠?

Chan-ho Good morning.
굿 모닝

How much does it cost to send
하우 머치 더즈 잇 코스트 투 쎈

an airmail letter to Korea?
던 에어메일 레러 터 코리어

Mail clerk Fifty cents.
휘프티 센츠

Chan-ho How about a postcard?
하우 어바우 더 포스트카드

Mail clerk Thirty five cents.
써리 화이브 쎈츠

찬호 : 안녕하세요.
　　　 한국으로 항공우편 편지를 보내는데 얼마죠?
우체국 직원 : 50센트입니다.
찬호 : 우편 엽서는요?
우체국 직원 : 35센트입니다.

꼬꼬댁 꼬꼬!

외국에서 편지를 보낼 때 풀이 영어로 뭐냐고 묻는 한국인들이 있다. 풀은 다른 말로 해석하면 접착제인 것이다. 그래서 **paste**나 **glue**라고 하면 된다.
필기도구를 빌려서 사용하고자 할 때도 볼펜이라 하면 못 알아듣는다. **ball-point pen**이 바른 표현이다.

Se-ri   I'd like to send this package to
아이드 라잌   터   쎈   디스   팩키쥐   터

Korea by airmail.
코리어   바이 에어메일

Mail clerk   What's in it?
왓츠   이   닛

Se-ri   Books.
북스

Mail clerk   I see.
아이 씨

세리: 이 소포를 항공으로 한국에 보내고 싶습니다.
우체국 직원: 그 속에 뭐가 들었죠?
세리: 책입니다.
우체국 직원: 알겠습니다.

WORDS

· letter[létər] 편지
· mail box 우체통
· register[rédʒəstər] 기록하다, 등기로 하다
· airmail[ɛərmèil] 항공우편
· fragile[frǽdʒəl] 깨지기 쉬운

· post office 우체국
· stamp[stæmp] 우표
· express mail 속달
· seamail[síːmèil] 선박우편
· postcard[póustkɑːrd] 우편엽서

235

Unit 16

I have a high fever.

고열이 납니다.

여행지에서는 병이 나지 않도록 각별히 주의해야 한다. 병이 났을 때는 병원에 가든지 호텔 프런트에 부탁해서 의사를 불러야 한다. 해외에서는 의료비가 비싼 편이므로 미리 보험에 가입해 두는 것이 좋다.

USEFUL EXPRESSIONS

01 I have a terrible headache.
아이 해브 어 테러블 헤데익

02 Is there a hospital nearby?
이즈 데어- 러 하스피덜 니어바이

03 Could you take me to the hospital?
쿠- 쥬 테익 미 투 더 하스피덜

04 Please call a doctor.
플리즈 콜- 러 닥터

05 What's the problem(matter)? / What's wrong?
왓츠 더 프라블럼 매러 왓츠 륑

06 I feel dizzy.
아이 휠 디지

07 I have the chills.
아이 해브 더 칠스

08 I think I have a cold.
아이 띵(크) 아이 해- 버 코울드

09 I have a cough.
아이 해브 어 커프

10 I have a stomachache.
아이 해브 어 스또막에익

11 What symptoms do you have?
왓 씸톰즈 두 유 햅

01 머리가 너무 아픕니다.
02 근처에 병원이 있습니까?
03 저를 병원으로 데려다 주시겠어요?
04 의사를 불러 주십시오.
05 무슨 일이죠?
06 현기증이 납니다.
07 오한이 납니다.
08 감기에 걸린 것 같습니다.
09 기침이 납니다.
10 배가 아픕니다.
11 어떤 증상이 있습니까?

DIALOGUE 1

Chan-ho Would you call a doctor for me?
우-   쥬   콜-   러 닥터   휘 미

Se-ri   What's the problem?
왓츠   더   플라블럼

Chan-ho I have a bad stomachache.
아이 해-   버 뱃   스또막에익

Se-ri   All right.
올   롸잇

찬호 : 저를 위해 의사를 불러 주시겠어요?
세리 : 무슨 일이에요?
찬호 : 배가 무척 아파요.
세리 : 알겠습니다.

우리는 흔히 몸 상태가 좋지 않을 때 **"My condition is bad."**(컨디션이 나쁘다.)고 말한다. 하지만 그런 표현은 콩글리쉬다. 감기 등으로 몸 상태가 좋지 않을 때는 **"I don't feel well."**이라고 하고, 실패 등으로 기분이 좋지 않을 때는 **"I am upset."** 또는 **"I am depressed."**라는 표현이 적당하다.

DIALOGUE 2

Doctor **What's the matter?**
왓츠　　　더　매러

Chan-ho **I have the chills.**
아이 해브　더　칠스

Doctor **When did it start?**
웬　　　디　딧 스땃

Chan-ho **Since last night.**
씬스　　래스트 나잇

Doctor **Take this prescription to the pharmacy.**
테익 디스 프리스크립션　　터 더 파머씨

의사: 어디가 불편하시죠?
찬호: 오한이 납니다.
의사: 언제부터 그러셨죠?
찬호: 어젯밤부터요.
의사: 이 처방전을 약국에 가져가세요.

 WORDS

- **fever** [fíːvər] 열
- **hospital** [hɑspitl] 병원
- **problem** [prɑbləm] 문제
- **dizzy** [dízi] 현기증이 나는
- **cold** [kould] 추위, 감기
- **prescription** [priskrípʃən] 처방전
- **drugstore** [drʌ́gstɔ̀ːr] 약국

- **headache** [hédèik] 두통
- **doctor** [dɑktər] 의사
- **wrong** [rɔːŋ] 그릇된, 잘못된
- **chill** [tʃil] 냉기, 오한
- **symptom** [símptəm] 증상
- **pharmacy** [fɑːrməsi] 약국

Unit 17

Where is the pharmacy?

약국이 어디에 있습니까?

외국 여행을 떠날 때는 현지에서 약을 구입하는 것이 번거로우므로 미리 구급약이나 자신의 질병에 필요한 약들은 준비를 하는 것이 편리하다. 불가피하게 지병 중에 여행을 하게 된다면 한국의사에게서 영문 처방전도 부탁해 준비하는 것이 좋다.

USEFUL EXPRESSIONS

01 **May I have a prescription?**
메이 아이 해- 버 프리스크립션

02 **I'd like this prescription filled.**
아이드 라익 디스 프리스크립션 필드

03 **Can I get this prescription filled here?**
캐- 나이 겟 디스 프리스크립션 필 디어

04 **I'd like some medicine for indigestion.**
아이드 라익 썸 메디씬 훠 린디제스천

05 **How often do I take this?**
하우 오픈 두 아이 테익 디스

06 **Three times a day after(before) meal, please.**
쓰리 타임- 서 데이 애프터 비포어 미얼 플리즈

07 **See a doctor, please.**
씨 어 닥터 플리즈

08 **What food should I avoid?**
왓 푸드 슈- 다이 어보이드

09 **Can I continue my trip?**
캐- 나이 컨티뉴 마이 츠립

01 처방전을 주시겠어요?
02 이 처방전을 조제해 주십시오.
03 이 처방전의 약을 여기서 조제할 수 있나요?
04 소화제 좀 주십시오.
05 얼마나 자주(몇 시간 간격으로) 복용합니까?
06 하루에 세 번 식후(식전)에 복용하세요.
07 의사에세 가 보십시오.
08 어떤 음식을 피해야 합니까?
09 여행을 계속할 수 있습니까?

241

DIALOGUE 1

In-su   I'd like this prescription filled.
아이드 라익   디스   프리스크립션   필드

Pharmacist   Wait a minute, please. Here it is.
웨이   러 미닛   플리즈   히어   이 디즈

In-su   How often should I take the medicine?
하우   오픈   슈-   다이 테익 더   메디씬

Pharmacist   Every 6 hours.
에브리   씩스 아우어즈

인수: 이 처방전으로 약을 조제하고 싶습니다.
약사: 잠깐 기다리세요. 여기 있습니다.
인수: 약을 몇 시간마다 먹어야 하나요?
약사: 여섯 시간마다 드세요.

새 구두를 신고 물집이 생긴 **K**양은 친구를 만나 **band**가 있느냐고 물었다. 친구는 걱정스런 표정으로 미소를 띠고 **"I think you need a band aid."**라고 말해 주었다. 긴급한 상황을 위해 알아두어야 하겠다.

    band (X) → band aid (O)

DIALOGUE 2

Eun-ha   Good afternoon. I have a stomachache.
구-　　대프터눈　　아이 해-　버 스또막에읔

Pharmacist Do you have a prescription?
두　유　해브　어 프리스크립션

Eun-ha   No, I don't.
노　아이 도운(트)

I'd like some medicine for indigestion.
아이드 라잌 썸　메디씬　휘　인디제스천

Pharmacist Please take two tablets after each meal.
플리즈　테잌　투　테블릿츠　앱터　이취　미얼

은하: 안녕하세요. 배가 아픈데요.
약사: 처방전이 있습니까?
은하: 아니요. 소화제 좀 주십시오.
약사: 식후 두 알씩 드세요.

 WORDS

- **pharmacy** [fɑːrməsi] 약국
- **prescription** [priskrípʃən] 처방전
- **indigestion** [ìndidʒéstʃən] 소화불량
- **each** [iːtʃ] 각각의
- **drugstore** [drʌ́gstɔ̀ːr] 약국
- **medicine** [médəsən] 약
- **tablet** [tǽblit] 정제
- **pharmacist** [fɑːrməsist] 약사

243

18

My handbag was stolen.

핸드백을 도둑 맞았어요.

여권이나 신용카드 등은 분실에 주의를 해야 한다. 만일을 대비해서 고유 번호를 기록해 두는 것이 편리하다. 번화가나 지하철 등에서는 특히 주의를 해야 한다. 호텔 내에서의 분실은 프런트에 알리도록 한다.

USEFUL EXPRESSIONS

01 **Help me.**
헬프   미

02 **Call the police, please.**
콜   더   폴리스   플리즈

03 **Where is the lost and found?**
웨어   리즈 더   로스 탠   파운드

04 **What's up?**
왓츠   업

05 **My wallet was picked.**
마이   월릿   워즈   픽트

06 **I lost my passport.**
아이 로슷(트) 마이 패스풋

07 **I've been robbed.**
아이브 빈   라브드

08 **Did you see who did it?**
디- 쥬   씨   후   디- 딧

09 **I don't remember.**
아이 도운   리멤버

10 **Can you identify him?**
캐- 뉴   아이덴티화이 힘

11 **When did you lose it?**
웬   디- 쥬   루즈   잇

01 도와주세요.
02 경찰을 불러주세요.
03 분실물 신고서는 어디에 있죠?
04 무슨 일이 생겼죠?
05 지갑을 소매치기 당했어요.
06 여권을 분실했습니다.
07 강도(도난)를 당했어요.
08 범인을 보셨나요?
09 기억이 안나요.
10 그를 알아볼 수 있습니까?
11 그걸 언제 분실했습니까?

DIALOGUE 1

Yun-hee I lost my handbag.
아이 로슷(뜨) 마이 핸드백

Clerk Where did you lose it?
웨어 디- 쥬 루즈 잇

Yun-hee I left it at this restaurant.
아이 레프-팃 앳 디스 레스또란(트)

Clerk What color is your bag?
왓 컬러 이즈 유어 백

Yun-hee It's red.
잇츠 렛

Clerk Is this your bag?
이즈 디스 유어 백

Yun-hee Yes, it's mine.
예스 잇츠 마인

윤희: 핸드백을 분실했습니다.
직원: 어디에서 분실하셨죠?
윤희: 이 레스토랑에 놓아두었습니다.
직원: 당신의 가방은 무슨 색이죠?
윤희: 빨간색인데요.
직원: 이게 당신의 가방인가요?
윤희: 예, 제 것입니다.

steal(훔치다)의 대상은 돈, 시계, 자전거 등의 물건들이다. 반면에 rob(훔치다, 강탈하다)의 대상은 사람, 집, 은행 등이다.

246

DIALOGUE 2

Tom   My wallet is picked.
마이 월릿 이즈 픽트

Policeman   Where did it happen?
웨어   디- 딧 해펀

Tom   In the lobby of the Hilton hotel.
인 더 라비 어브 더 힐튼   호텔

Policeman   Did you see who did it?
디- 쥬 씨 후 디- 딧

Tom   I can't remember.
아이 캔트   리멤버

탐: 지갑을 소매치기 당했습니다.
경찰: 어디에서 그랬죠?
탐: 힐튼 호텔 로비에서요.
경찰: 범인을 보았습니까?
탐: 기억이 안나요.

WORDS

· **steal** [stiːl] 훔치다 (steal-stole-stolen)
· **wallet** [wɑlit] (접는 식의) 큰 지갑
· **passport** [pǽspɔ̀ːrt] 여권

· **police** [pəlíːs] 경찰
· **lose** [luːz] 잃다
· **the lost and found** 분실물 신고서

Unit 19

Would you mind taking a picture of us?

우리들 사진 좀 찍어 주실래요?

관광지에서 사진을 찍으려면 촬영이 가능한지를 미리 알아본 후에 찍는 것이 좋다. '괜찮겠지' 라는 안이한 생각으로 얼굴 붉히는 경우가 생기지 않도록 유의한다. 촬영을 외국인에게 부탁해도 친절히 응해주는 것이 보통이므로 서슴지 말고 부탁하여 아름다운 추억을 많이 남기기 바란다.

USEFUL EXPRESSIONS

01 Can I take a picture here?
캐- 나이 테이- 커 픽쳐 히어

02 Just press the button.
저슷(트) 프레스 더 버튼

03 Do I need to focus?
두 아이 닛 투 포커스

04 No, it will focus automatically.
노우 이 딜 포커스 오로매리컬리

05 Can I use a flash here?
캐- 나이 유- 저 플래쉬 히어

06 Would you mind taking a picture with me?
우- 쥬 마인(드) 테이킹 어 픽쳐 위드 미

07 Could you take my picture in front of the statue?
쿠- 쥬 테익 마이 픽쳐 인 프런- 터브 더 스때츄

08 Are you ready?
아 유 레디

09 Say cheese.
쎄이 치즈

01 여기서 사진을 찍어도 됩니까?
02 버튼만 눌러 주세요.
03 초점을 맞출 필요가 있습니까?
04 아니오, 자동으로 초점이
   맞춰집니다.
05 여기서 플래쉬를 사용해도 됩니까?

06 저와 함께 사진 한 장 찍겠어요?
07 조각상 앞에서 제 사진을 찍어
   주시겠습니까?
08 준비됐습니까?
09 치즈하세요.

DIALOGUE 1

In-su Would you mind taking a picture
우- 쥬 마인(드) 테이킹 어 픽쳐

of us in front of the tower?
러브 어스 인 프런- 터브 더 타우어

Girl No, not at all.
노우 나- 대 돌

In-su Do I need to focus?
두 아이 닛- 투 포커스

Girl No, just press this button.
노우 저슷(트) 프레스 디스 버튼

인수: 그 탑 앞에서 우리들 사진을 찍어 주시겠어요?
여자: 예, 그러지요.
인수: 초점을 맞출 필요가 있나요?
여자: 아니에요, 이 버튼만 눌러 주세요.

꼬꼬댁 꼬꼬!

Camera는 '카메라'가 아니라 '캐머러'로 대개 발음하지만 실제로는 '캐므러'로 발음하는 경향이다. [머]에 강세가 없기 때문이다. **Cameraman**(촬영기사)란 말도 요즘은 여성촬영기사도 많으므로 **camera crew**나 **photographer**로 쓰인다.

DIALOGUE 2

Yun-hee **Excuse me.**
익스큐즈 미

Could you take a picture?
쿠- 쥬 테이- 커 픽쳐

Man **Sure. Do I need to focus?**
슈어 두 아이 닛- 투 포커스

Yun-hee **No, it will focus automatically.**
노우 이 딜 포커스 오로매리컬리

Man **Say cheese.**
쎄이 치즈

윤희: 실례지만, 사진 좀 찍어 주시겠어요?
남자: 그렇게 하지요. 초점을 맞출 필요가 있나요?
윤희: 아니에요, 자동으로 맞춰집니다.
남자: 치즈하세요.

WORDS

- picture[píktʃər] 사진, 그림
- press[pres] 누르다
- automatically[ɔ̀ːtəmǽtikəli] 자동으로
- tower[táuər] 탑
- need to ~할 필요가 없다
- take a picture 사진을 찍다
- focus[fóukəs] 초점, 초점을 ~에 맞추다
- statue[stǽtʃuː] 조각상
- temple[témpəl] 사원

251

Track **60**

Unit

20

I'd like to see a movie tonight.

오늘 밤 영화를 보고 싶군요.

공중도덕이 많이 일반화되어 있긴 하지만 간혹 식당이나 극장에서 떠드는 사람들이 있다. 특히 영화관에서는 타인에게 방해가 되지 않도록 조용히 감상하는 예의를 지켜야겠다.

USEFUL EXPRESSIONS

01 **How about going to the movies tonight?**
하우 어바웃 고잉 투 더 무비즈 투나잇

02 **What movies are on tonight?**
왓 무비즈 아 언 투나잇

03 **How long is the movie?**
하우 롱 이즈 더 무비

04 **What time does the evening show begin?**
왓 타임 더즈 디 이브닝 쇼우 비긴

05 **When does the next show start?**
웬 더즈 더 넥스트 쇼우 스땃

06 **How much is the admission?**
하우 머치 이즈 디 어드미션

07 **What kind of movies do you like?**
왓 카이- 너브 무비즈 두 유 라잌

08 **What time will the movie be over?**
왓 타임 윌 더 무비 비 오버

09 **Where can I get a ticket?**
웨어 캐- 나이 게- 러 티킷

10 **Would you like to see a play?**
우- 쥬 라잌 투 씨 어 플레이

11 **What kind of play do you like?**
왓 카이- 너브 플레이 두 유 라잌

01 오늘밤 영화구경 갈까?
02 오늘밤 무슨 영화가 상영됩니까?
03 영화 상영 시간은 얼마나 되나요?
04 밤 상연은 몇 시에 시작하나요?
05 다음 상영은 몇 시에 시작됩니까?
06 입장료는 얼마인가요?
07 어떤 영화들을 좋아하시죠?
08 몇 시에 영화가 끝납니까?
09 표는 어디서 사죠?
10 연극 보고 싶으세요?
11 어떤 연극을 좋아하시나요?

DIALOGUE 1

Jean **How about going to the movies tonight?**
하우 어바웃 고잉 투 더 무비즈 투나잇

Jenny **That sounds good.**
댓 싸운즈 굿

What's the title of the movie?
왓츠 더 타이틀 어브 더 무비

Jean **Titanic.**
타이태닉

Jenny **Great.**
그레잇

진: 오늘밤 영화구경 가는 게 어때?
제니: 좋아. 영화 제목이 뭔데?
진: 타이타닉.
제니: 너무 좋아.

 꼬꼬댁 꼬꼬!

· **see**는 보고자 하는 의지와 상관없이 눈을 통해 보는 것이다.
　　ex) I saw a bird in a tree.　　나는 나무에 있는 새를 보았다.
· **look at**은 보고자 하는 의지를 가지고 움직이지 않는 물체를 보는 것이다.
　　ex) Look at the blackboard.　　칠판을 보아라.

DIALOGUE 2

Yong-hee **When does the next show begin?**
웬 　 더즈 　 더 　 넥스트 　 쇼우 　 비긴

Kil-su **5:10.**
화이브 텐

Yong-hee **How long is the movie?**
하우 　 롱 　 이즈 더 　 무비

Kil-su **About 2 hours.**
어바웃 　 투 　 아우어즈

Yong-hee **How much is the admission?**
하우 　 머치 　 이즈 디 　 어드미션

Kil-su **$7 for adults, $3.5 for children.**
쎄븐 달러즈 휘 어덜츠 　 쓰리 달러즈 앤 피프디 휘 췰드런

용희: 다음 상영이 몇 시에 시작되나요?
길수: 5시 10분입니다.
용희: 영화가 긴가요?
길수: 2시간 정도요.

용희: 입장료는 얼마죠?
길수: 성인은 7달러구요,
　　　 어린이는 3.5달러입니다.

> **보충 학습**
> · **box office** 극장, 경기장
>   등의 매표소
> · **theater** 극장
> · **ticket window(booth)**
>   매표 창구

 WORDS --------------------------------

· **movie** [múːvi] 영화
· **show** [ʃou] 상영
· **title** [táitl] 제목

· **tonight** [tunáit] 오늘밤
· **admission** [ædmíʃən] 입장, 입장료
· **adult** [ədʌ́lt] 성인

255

MEMO